# 「古代日本」誕生の謎

## 大和朝廷から統一国家へ

武光　誠

PHP文庫

○本表紙図柄＝ロゼッタ・ストーン（大英博物館蔵）
○本表紙デザイン＋紋章＝上田晃郷

# はじめに

日本古代史は面白い。考古学の発展によって、たえず新たな事実が明らかにされて書き変えられていく。邪馬台国や大和朝廷の誕生といった大きな問題に関する、二〇年前の本はすでに時代後れになっている。

本書の編集作業がすすんでいる間にも、興味深い新説が出た。奈良県桜井市の纒《まき》向《むく》遺跡で、纒向石塚古墳より古いと思われる古墳がみつかったというのである。

その古墳は、紀元二五〇年ごろのものとされるホケノ山古墳（五一頁の地図と六八頁の図表参照）に接して築かれていた。

この真偽はまだ明らかではないが、それが事実であるとすれば、その古墳の年代は紀元二〇〇年ごろ、もしくはその少し前のものとなろう。

本書では、纒向石塚古墳の年代から大和朝廷の誕生を二二〇年ごろとした。しかし、近いうちに「大和朝廷は二〇〇年ごろにつくられた」と修正しなければならなくなるかもしれない。

紀元二〇〇年といえば、邪馬台国の卑弥呼が三〇の小国を指導する女王とされた年代（一八〇年代末〜一九〇年代はじめ）の直後である。そうなると、邪馬台国大和説をとったうえで、卑弥呼の父の墓が纒向最古の古墳であったとする説を出す者もあらわれるだろう。

古代史には、多くの謎がある。本書では、考古学上の発見を手がかりに古代史の面白さを述べてみたい。それとともに、なぜ日本列島が一つの国としてまとまったかという問題も考えたい。

私たちは安易に「日本」「日本人」「日本文化」といった言葉をつかうが、それらは私たちの多くの先祖たちの長年にわたる営みによってつくり上げられてきたものなのである。

平成一七年一二月

**武光　誠**

「古代日本」誕生の謎

目次

## 第二章　戦乱時代の勝者

## 第三章 東北の歴史が語るもの

# 序章　古代史を学ぶ意味

## 誰が「日本」を作ったか

私たちは、何の疑いもなく「日本史」という言葉を使っている。しかし、私たちの知っている日本という地域が同一の歴史をとるようになるのは、明治維新以後のことである。江戸時代までの北海道と沖縄は、中央と異なる歴史を辿ってきた。奈良時代の時点で、日本は、北海道と東北地方北端の蝦夷《えみし》の文化圏と、日本列島の大部分を占める大和《やまと》の文化圏、沖縄文化圏の三者に分かれていた。

自然人類学からみれば、現在の北海道から沖縄にいたる地域（日本国の領域）の住民に共通する要素は多い。しかし、そこの人びとの形質は北方の朝鮮半島や中国東北地方（旧満州）や南方の江南（中国の揚子江流域）、雲南の住民のそれとも類似する。

現在、日本列島を中心とする地域が日本国という一つの国にまとまっている。しかし、その国境は人為的につくられたものにすぎない。日本のあり方は、基本的には多様な民族が同居する中国のような国のあり方と変わらないのである。

なぜ、日本列島の住民が一つの政権のもとにまとめられていったのであろうか。その問いに対して私は、「日本文化が日本という国をつくった」という答えを用意している。古代から現代まで続く日本固有の文化の核となる部分が、多くの人びとの心を引きつけて日本という国をつくり上げていったのである。

日本列島の大部分は、三世紀末から六世紀にかけて大和朝廷の手で統一された。「大王《おおきみ》」と呼ばれたそのころの大和朝廷の子孫が現在の皇室になるわけである。

それゆえ、日本史を知るためには最初に、

「大和朝廷がつくった日本文化の核となるものは何か」

という問題に明確な答えを出さねばならない。それのうえに日本文化が発展していき、朝廷が支配する領域が拡大していって、より多くの者が皇室を慕うようになった。

日本史を知るには、まず日本文化の特性をつかみ、それの変遷（日本文化史）を押さえる必要がある。そして、そのうえで時代ごとの文化が、どのような社会、経済、政治、生活をつくり出したか考えていくのである。

このように考えてくると、王家を中心とする大和朝廷が日本という国を誕生させたありさまがわかってくる。それゆえ、本書では日本統一の動きを追う形で、古代史の流れを説明していくことにする。

## 首長から大王に

弥生時代中期にあたる紀元前一世紀末ごろから、いくつかの農村をあつめた人口一〇〇〇人から二〇〇〇人ていどの小国があらわれた。それとともに、小国の首長や司祭集団を葬ったとみられる有力な墓が広まっていった。

方形周溝墓《ほうけいしゅうこうぼ》という、周囲を掘で四辺形の土地を区画した墓が大型化し、盛り土をもつ墳丘墓《ふんきゅうぼ》もあらわれた。方形周溝墓自体は、弥生時代前期にもあるが、弥生時代中期以降のそれのなかに一辺十数メートルの広さをもつものが目立つ。それは、「首長の墓域を神聖な土地とする」主張をもってつくられたものであろう。

そして、弥生時代中期後半（一世紀末以後）にそのような首長墓は関東地方にまで広まり、地域色をつよくもちはじめた。日本海沿岸には、墳丘の四隅に参道をつけた四隅突出型《よすみとっしゅつがた》墳墓が目立ち、東海地方には四隅を掘り残した方形周溝墓が多い。

このような現象は、地域ごとに共通する独自の文化が生まれ、それが墓制に反映されたものであろう。のちに吉備《きび》氏、出雲氏、尾張氏、毛野《けの》氏などと呼ばれた一つの地方の有力豪族が、その文化の担い手であったろう。

そして、墳丘墓の発展のうえに三世紀はじめの大和で前方後円墳がつくられた。後で詳しく説明するように、それが首長霊《しゅちょうれい》信仰という新たな信仰と大和朝廷の誕生に対応するものであった。

このあと、古墳は全国に広がるが、弥生時代以来の地域ごとの個性のつよい文化は飛鳥時代（六世紀末ごろ）までうけつがれた。これは、大和朝廷が長期にわたって地方豪族の連合体の形をとっていたことを物語るものである。

## 日本統一の機運

大和朝廷が、武力で強引に各地の首長を従えたわけではない。考古資料は、大和朝廷誕生に先だつ形での新たな文化の進展を物語っている。

三世紀はじめに、庄内式《しょうないしき》という新たな形式の弥生土器があらわれている。それは、土器の底を丸くしたもので、土器底部にすすの付いた庄内式土器も多く出土している。この土器の出現は、甕《かめ》を火の上に浮かせて調理する方法がとられるようになったことを示すものとされている。

底を丸くした土器は、平底の土器より効率よく薪の熱を吸収できる。庄内式土器の普及とともに、農具や工具としての鉄器の交易もさかんになっている。さらに、地域間の土器の移動も多くなるが、それは土器の交易ではなく、魚、果実などの地域の特産品を土器に入れてやりとりしたことを物語るものとされる。

この時期に一棟の住居跡で出土する土器の数が急速にふえている。それは、個人が銘々の食器をもつようになったことを示すとされる。さらに庶民の住居も小型の円形のものから方形（四辺形）で大型のものに変わっている。

大和朝廷誕生直前に、庶民の生活は大きく向上した。そして、かれらはより良い生活をもたらしてくれることを期待して、首長のつよい指導力を求めるようになったのだろう。それに対応するように、三世紀はじめに各地の墳丘墓、方形周溝墓などの首長墓の数がふえ、大型化している。

日本全体からの「豊かになりたい」という声をうけて、大王が登場したのである。そして、王家は各地の豪族と結んで朝鮮経営にのり出し、鉄器などの多くの富をもたらすことになった。

## 王朝交代をめぐる謎

三世紀はじめに大和に大王があらわれて、各地の首長を従えて日本を統一していく。七世紀末には、天武《てんむ》天皇が大王に代わる「天皇」の称号を採用した。そして、天皇家は現代まで続いた。

江戸時代末までは、日本の文化の中心は皇室のおかれた京都にあると考えられていた。和歌、漢詩文、有職故実《ゆうそくこじつ》、管絃《かんげん》などの公家がつたえる伝統的な文化が尊いものとされ、浮世絵、俳句などの江戸の文化は俗的な文化と考えられたのである。

このようにみてくると、皇室は大和朝廷の誕生から現在まで連綿として続いているようにみえる。しかし、王家については一つの大きな謎が残されている。

大王の地位が大和朝廷の誕生以来ずっと世襲されたか、あるいは古い時代に王朝交代がなされたかという問題である。

六世紀はじめの継体《けいたい》天皇以後の系譜は、確かであろう。七世紀はじめに聖徳太子が、歴史書づくりに手をつけた。そしてこのとき、詳細な王家の系譜がまとめられている。

継体天皇は、聖徳太子の曾祖父にあたる。太子の若いころには、太子の曾祖父と交流をもっていた老人がいく人か生きていたろう。『日本書紀』などの継体天皇以後の王子女の記述も、合理的な内容のものになっている。

しかし、それ以前の王家の系譜には不確かな部分が多い。一〇〇歳をはるかに超えるまで生きたとされる、大王がいく人もいる。とくに、初代の神武《じんむ》天皇と一〇代の崇神《すじん》天皇との間におかれた「欠史八代《けっしはちだい》」と呼ばれる八代の大王は、七世紀風で、聖徳太子の時代よりあとにつけ加えられたと思われるものになっている。

王家のもつ宗教、文化は、大和朝廷の誕生から継体朝まで一貫したものになっている。王家は三輪山の大物主神《おおものぬしのかみ》を自分たちのまもり神としてまつり、亡くなった大王を古墳に葬って神として崇めた。

大和朝廷という組織は三世紀はじめの誕生のときから、六世紀はじめの継体朝まで継続して発展した。しかし、継体天皇の前の大王である武烈《ぶれつ》天皇より前の王家の系譜は不確かである。

『日本書紀』などがつたえる王家の系図は、伝説や歌物語をもついく人かの大王と、名前だけがつたわるいく人かの大王の名前と、何人かの架空の大王とをあわせて編集されたものである。ゆえに、古い時代に王朝交代はあったようでもあり、なかったようでもあるということになる。

古代には、いくつかの豪族が連合し、豪族間の話しあいでその代表となる大首長を出す形で一つの地域を治めていた例もある。吉備氏や毛野氏がそれにあたるが、六世紀はじめに吉備では上道《かみつみち》氏、毛野では上毛野《かみつけの》氏が他の豪族を押さえて勢力をのばし、朝廷から一地域を代表する家として認められている。

初期の大和朝廷の歴史には、明らかでない部分も多い。しかし、本書では王家が首長霊信仰という新たな文化にもとづいて日本統一にむかったことを説明しよう。その信仰は、王家の祖先神を国全体のまもり神として、大王が神の意向をうけて民衆をいつくしむ政治を行なうものである。そして、この首長霊信仰のうえにたって、古墳の築造、神々にささげる言葉としての和歌や祝詞《のりと》の作製などの独自の文化づくりがなされた。朝廷のもつ文化の核には、大和朝廷の祭祀からうけつがれた伝統が多くみられるのである。

# 第一章
# 古代都市「大和」と首長霊信仰

# 山の辺の道に生まれた新文化

## 首長霊信仰から始まる日本統一

日本統一の動きは、近畿地方から始まった。しかし、近畿地方が長い間文化の後進地であったことに注意する必要がある。縄文文化の中心は東北地方にあり、弥生文化は北九州から広まった。そして三世紀初頭に、その二種類の文化の先進地から最も離れた奈良盆地で、第三の文化が生まれた。

それを、首長霊信仰という。有力豪族の祖先を首長霊として祭るものだ。「天皇《すめら》霊《みことのみたま》」と呼ばれる大王《おおきみ》の祖先神が、大和朝廷の首長である大王の体に宿って朝廷を守るとされた。

そのため、首長霊信仰の成立とともに、日本列島のすべての住民を「天皇霊」に従わせねばならぬとする発想が生じた。おかげで、三世紀末に大和朝廷の積極的な国家統一の動きが始まった。

約三万年前に北方からの大量の移住者の手で旧石器文化がもち込まれた。そして、彼らは約一万六〇〇〇年前に縄文文化を生み出した。

次いで、紀元前一〇〇〇年前後に、朝鮮半島からの移住者が水稲耕作を持ち込んで弥生文化を作った。さらに、紀元前一世紀末に北九州に小国が発生した。そのことにより、ようやく日本統一への動きが胎動し始めたことになる。

しかし、首長霊信仰が作られねば、日本は数百年にわたって小国分立の状態にあったのではあるまいか。

**優れた木工技術をもつ近畿地方の小国**

大和朝廷成立の前史となる、近畿地方に小国が生まれたいきさつを述べよう。

近畿地方は、弥生時代が始まる紀元前一〇世紀から、九〇〇年あまりの間は後進地帯だった。北九州に水稲耕作が広まったことをきっかけに弥生文化が発生したのだから、それは当然のことといえた。

しかし、紀元前一世紀中葉に、ようやく近畿地方独自の文化が創られてきた。

そこの弥生文化の展開を生み出した人びとは、大和《やまと》から河内《かわち》にかけての地域にいた。大阪平野から奈良盆地に至る広い平野が開け、多くの人が集まっていたからだ。古代人はそこを中心とする区域を「畿内《うちつくに》」と名付けていた。

紀元前後の近畿地方中央部で、櫛描文土器《くしがきもんどき》が発生した。それは、回転台を使って優美な模様を付した弥生土器で、東は伊勢湾岸から西は中国地方中部に至る地域に広まった。

弥生時代の開始後まもなく、農業を営む村落が大和や河内に作られていたが、それが、しだいにまとまって紀元前一世紀中葉にかけて小国になっていった。そのような小国の遺跡の一つに、奈良県田原本町《たわらもと》唐古《からこ》・鍵《かぎ》遺跡がある。それは、直径約六〇〇メートルの堀で囲まれた環濠集落《かんごうしゅうらく》で、そこからは多様な石製や木製の農工具が見つかった。

この時代の石器の中心を占めるのが、工具だ。伐採用の石斧《せきふ》、製材用の石製くさび、切削用のやりがんな（台を付けないかんな）等、実に豊富な種類の石器がある。大和や河内の小国の住民は、そのような石器を使って、固くて水に強い樫《カシ》などの木で大量の鋤《すき》、鍬《くわ》を作った。当時の鋤はスコップのような形をしていた。それは、根の深い雑草類や竹類を掘り起こして、土木工事、農地開発、深耕をするのに用いられた。鍬は、畝《うね》や溝を整えたり、田畑の土塊《つちくれ》を砕いたりするものだ。

近畿地方の木工技術の高さは、これ以後の歴史にも関わってくる重要事項である。しかし、この時期の近畿地方の小国は大和朝廷の祖先にあたるものではない。

**近畿地方の二度の戦乱**

小国発生後の近畿地方に二度の戦乱があった。一世紀末のものは近畿地方の文化を高めるきっかけとなり、三世紀初頭のものは、そのまま近畿地方統一につながった。

鍬（左）と鋤（右）

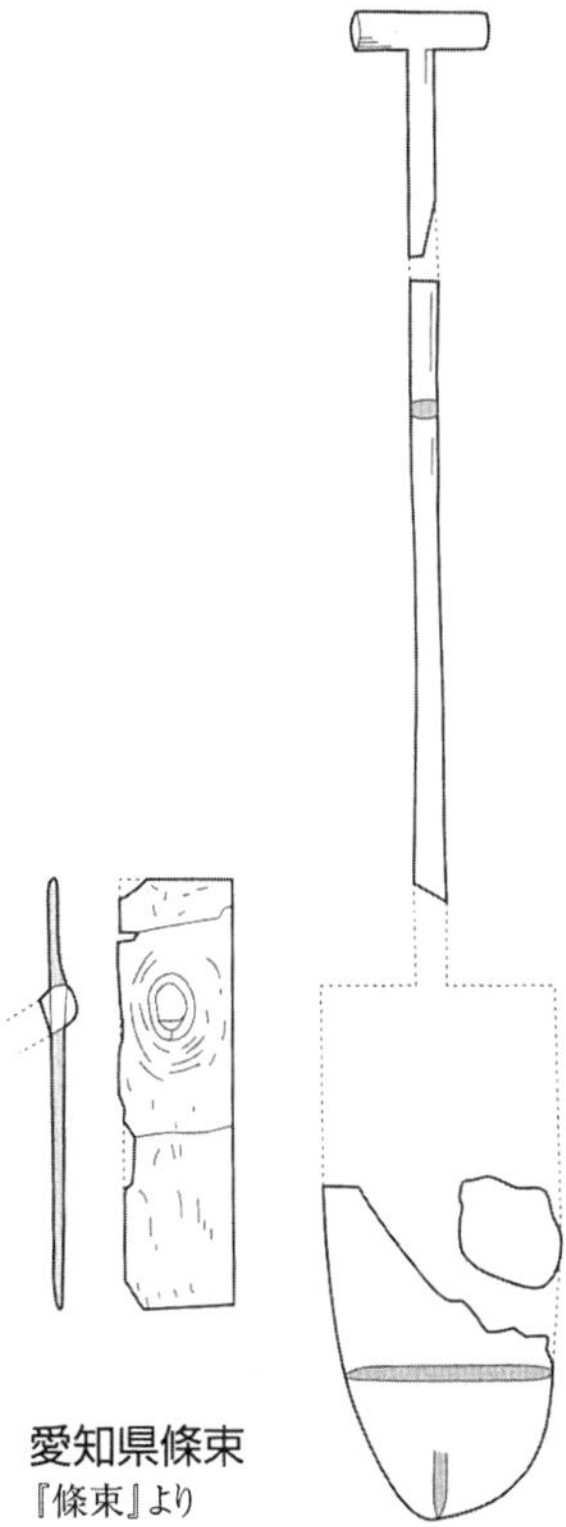

愛知県條束
『條束』より

奈良県唐古
『京大報告』より

紀元前後には、大和や河内の小国の数は少なかった。しかし、一世紀末になると、小国が大和や河内の大部分に広まった。そのため、その時期に土地や水利をめぐる小国間の争いが激化した。

一世紀末に、外敵に備えて小高い岡の上に住居を設けた高地性集落が増加した。神戸市玉津田中《たまつだなか》遺跡からは、銅剣の先を突き刺されたその時期の人骨が出土した。大阪府四条畷《しじょうなわて》市雁屋《かりや》遺跡の方形周溝墓《ほうけいしゅうこうぼ》（四角形の溝で囲んだ墓）には、一二本の石鏃《せきぞく》（石のやじり）を射ち込まれた遺体が葬られていた。それらは、一世紀末の戦乱を物語っている。

しかし、その時の混乱は、比較的短期間でおさまった。そして、戦乱期からその後の時期にかけて、銅鐸（釣鐘型の青銅の祭器）が近畿地方を中心とする各地に出現していった。

銅鐸が、井戸のそばの祭壇の跡から発見された例がある。また、水の神である蛇を表わす文様や、河川や農耕生活を描く銅鐸が多い。そこから、銅鐸は水の神の祭祀に用いられたと考えられる。つまり、二世紀初頭頃、大和や河内の小国間の共存関係が確立し、そこに水の神を祭る新たな共通の宗教が生まれたのだ。

ただし、銅鐸が広まった時期における近畿地方の鉄器、青銅器の量は、九州のそれよりはるかに少ない。それは近畿地方の文化の遅れを物語るものだ。

銅鐸の出土する範囲は、櫛描文土器の分布圏をそう出ていない。瀬戸内海西部に銅鐸がほとんど広まらないことは、特に重要だ。それは、一、二世紀の九州に、近畿地方のものとは別の文化をもつ強い勢力があったことを物語るからだ。

**九州から近畿地方へ大量の移住者が来た**

水稲耕作の開始によって、弥生時代の北九州の人口は爆発的に増加した。紀元前後になると、北九州の人びとが大量に西日本に移住し始めた。瀬戸内海沿岸や山陰地方の各地で出土する銅剣、銅矛など北九州特有の祭器は、彼らの活動を物語るものだ。

北九州では近畿地方より数十年前に、小国が作られていた。

北九州に早くから小国が生まれた理由の一つに、そこの国々が「交易国家」であったことがあげられる。大陸との交易活動の指導者が成長して、小国の首長になる。彼らは、大陸との交易権をめぐって周辺の小国との政略や戦闘を繰り返す中で力をつけていく。そのような「交易国家」は、商業と農業との双方に基礎を置く国だと評価できる。

北九州の「交易国家」群は、三世紀末まで、大陸から入る鉄器、青銅器の大部分を独占していた。

大和朝廷は銅鐸の祭祀を行なっていた近畿地方の小国の中から出たものではない。九州から吉備《きび》を経て来た集団が、大和朝廷を作ったのだ。

それは、三世紀に西方から近畿地方に移住した者が残した遺跡が多く出現し、その直後に、銅鐸が姿を消す点からわかる。神武《じんむ》天皇が日向《ひむか》から水軍をひきいて大和に入り天皇家を起こしたとする神武東征伝説は、このことに関する記憶から作られたものだ。

「神武天皇」等の称号は奈良時代に作られたものだが、私は「後世の人が神武天皇と呼んだ人物」の意味でこの語を使うことにしている。「磐余彦《いわれびこ》」といった一般に馴染のない『日本書紀』の呼び方を用いると、読者を混乱させるからだ。

兵庫県尼崎市田能《たのう》遺跡は、三世紀初頭に北九州からの移住者が作った有力な小国の姿を伝える弥生時代の遺跡である。そこからは、九州の貝製腕輪の形を模した白銅の釧《くしろ》（腕輪）などの多くの九州的遺物が出ている。三世紀中葉の兵庫県播磨町播磨大中《おおなか》遺跡の住居の形式も、九州のそれとそっくりであった。

西方から来た者が残した遺跡の中で最大のものが、奈良県桜井市纒向《まきむく》遺跡だ。以下に述べるように、それは九州に発し吉備を経てきた移住者が三世紀初頭に作った日本最古の都市だ。

**航海民が日本最古の都市を作る**

三世紀初頭に瀬戸内海の航路を用いて来た移住者の来航とともに、近畿地方は再び戦乱の時代に入っていった。

一世紀末のものより大規模な高地性集落や烽《のろし》の跡が、三世紀の近畿地方の各地に出現している。烽の分布から、摂津西部の集団が大阪湾に来た敵を発見すると、その情報が摂津北部、山城《やましろ》北部、山城南部を経て大和に伝わったことが明らかにされている。

そのような動乱の中から、有力な集団が発生した。彼らは、二二〇年頃、纏向に古代都市「大和」を築いて大和朝廷を樹立した。

古代人は、霊山とされた三輪《みわ》山の麓の纏向を中心とする一帯を「大和《やまと》」と呼んでいた。それは、「飛鳥《あすか》」「斑鳩《いかるが》」といった奈良盆地の他地域に対応する呼称だった。今の奈良県全体を「大和」とする用法は、七世紀にならないと生まれない。だから、私は大和朝廷発祥の地である纏向遺跡を、古代都市「大和」と呼ぶことにする。

大和朝廷は、二八〇年前後に奈良盆地統一の動きを始めた。そのころ、全長二七八メートルの最古の大型前方後円墳、箸墓《はしはか》古墳が築かれた。その後、大王《おおきみ》が代々、大型前方後円墳を作り、大和朝廷に従った首長たちも古墳を設けるようになった。

ところで、四世紀代の前期古墳に多様な祭器が副葬されている点に、注目しておきたい。四世紀の石棺に納められた銅鏡、鉄製刀剣、玉類《ぎょく》、石釧《いしくしろ》・鍬形石《くわがたいし》・車輪石《しゃりんせき》（いずれも石製の祭器）等は、すべて実用品ではない。首長が生前、祭祀や呪術に使ったものである。そのことは、これから説明していく大和朝廷の首長霊信仰の整備によって、祭器が一気に充実していったありさまを示している。

## 都市から宮へ、そして再び都市へ

四〇〇年前後に大和朝廷の性格に大きな変化が起こった。古代都市「大和」は、四世紀の終わりに姿を消した。そして、朝廷の本拠地は河内に移動した。それと同時に、古墳の性格に大きな変化が起きた。五世紀代の中期古墳には、祭器に代わって、大量の刀剣、甲冑、馬具、鉄製農具、金銀の装飾具が副葬されるようになるのだ。

それは、大王の性格が司祭者から軍事的・政治的支配者へと変化したことを物語るものだ。また、五世紀に古墳の副葬品が大陸文明を取り入れて急激に豪華になっていることにも注意したい。

『日本書紀』は、その時期を応神《おうじん》天皇とその子の仁徳《にんとく》天皇の時代にあてている。仁徳天皇が高殿から民家を見たところ、かまどから煙が上がっていない。そのことから民の貧苦を知った仁徳天皇は、三年間租税を免除した。おかげで国じゅうの農民が豊かに暮らせるようになったという話がある。

このような言い伝えは、河内での大和朝廷の繁栄をもとに作られたものだ。『日本書紀』等が伝える五世紀以後の大王（応神天皇以降）の伝承は、ある程度史実と一致し、私たちは彼らの姿をおぼろげながら摑むことができる。それ以前の時代の『日本書紀』の記事は、ばらばらな伝承と断片的に伝わる大王の名前とを恣意《しい》的に結びつけて作られている。

五世紀史の詳しい記述は、本書の第二章に譲る。ここでは『古事記』や『日本書紀』の五世紀代に関する部分に、大王家の「身内争い」の記事が目立つことだけを指摘しておこう。

五世紀に大和朝廷が朝鮮半島に進出するようになると、優れた軍事的指導者になる大王が求められた。そのため、実力で大王位《おおきみのくらい》を得る時代が訪れ、王族たちが各自の宮の防備を固めて睨み合うようになった。

つまり、王族を一つの都市に集めて支配する大王がいなくなったのだ。そのことによって古代都市「大和」は滅んだ。その後、中央集権化の動きが始まる七世紀になって、整った官衙《かんが》をそなえた中国風の都市がようやく出現した。その意味において、六五〇年代の難波宮から再び都市づくりの動きが起こったと評価できる。

## 大和朝廷を生み出した山の辺の道

都市の成立は古代国家の完成を意味する。三世紀初頭は、かなり古い時期である。その時代の日本に「大和」という古代都市が生まれたことは、きわめて興味深い。その理由を考えるためには、まず「大和」という土地の特性を知らねばならない。

山《やま》の辺《へ》の道を辿ると、「大和」の土地柄がわかってくる。そこは、東海自然歩道として、歩きやすくなっている。海石榴市跡《つばきいちあと》から、大神神社《おおみわ》を経て、狭井《さい》神社、檜原《ひばら》神社に至る。その西方に、箸墓古墳の巨大な墳丘がある。さらに、穴師坐大兵主《あなしにますおおひょうず》神社、景行天皇陵《けいこうてんのうりょう》、崇神《すじん》天皇陵のそばを通って、大和《おおやまと》神社へと行きつく。

大和神社までの道は、南から北への約四キロメートルの旅に過ぎない。しかし、そこには大和朝廷の誕生を物語る多くの史跡が集中しているのだ。

山の辺の道は観光案内書に「日本最古の道」と紹介されている。人間が通れば、道はいくらでもできるのだから、その表現は、少々おかしい。考え方をかえて、それを「日本統一の最初のきっかけを作った道」といえばよい。すると、山の辺の道

**山の辺の道とその周辺の遺跡**

の特性がより適確に表現できる。

## 山の辺の道の北半分は朝廷の発展とともに衰えた

山の辺の道は、現存する最も古い歴史書『古事記』の中に出てくる。『古事記』は、崇神天皇の御墓が「山の辺の道の勾之崗上《まがりのおかのえ》」にあり、景行天皇の御陵《みささぎ》は、「山の辺の道上《みちのえ》」にあったと記す。山の辺の道が古代人にとって馴染深いものであったために、天皇陵の位置がそこを目印に記されたのだ。

山の辺の道は、大和神社のある柳本《やなぎもと》より北方にも続き、春日山の麓にまで行き着く。その間に、物部氏《もののべ》が祭った石上神宮《いそのかみ》がある。

つまり、それは、「大和」と物部氏の本拠地と、春日氏《かすが》の本拠地（春日）とを結ぶものだった。物部氏も春日氏も、大和朝廷草創以来の大豪族だ。この道は、四世紀の大和朝廷の手による奈良盆地統一を大きく助けた。その事実は、おいおい明らかにしていこう。

しかし、石上神宮より北方の山の辺の道は、早くから衰えている。そのため、いまでは山の辺の道のその部分のあとは、正確に辿れない。東海自然歩道は、近年、推測されて設けられたものにすぎない。

前に述べたように、大和朝廷の中心は、五世紀に河内に移っている。その時から山の辺の道の北部は、あまり使われなくなった。大和朝廷の性格が大きく変化した時に、「大和」と春日を結ぶ道の必要性が薄れたのだ。

**山の辺の道で首長霊信仰が作られる**

これから、山の辺の道の主要な史跡を簡単に紹介していこう。それには、山の辺の道を南から北へ辿る道筋に沿って話をすすめるのがよい。

本書は、旅行案内書ではない。そのため、本書に関わりない史跡は省略した。また、以後の風景描写は、すべて歴史上の事実を明らかにするために必要なものに限ることにする。

「大和」と呼ばれた地域は、さらに三つに区分される。南からあげると、三輪、纏向、柳本となる。山の辺の道に入るには、ふつうは、近畿日本鉄道（近鉄）大和朝倉駅で降りて、すぐ三輪山の裾を廻《めぐ》る方法が使われる。しかし、それでは三輪山の全体像を眺めることはできない。だから、近鉄かＪＲの桜井駅から、三輪山の遠景を見た後に、東方に進んで山の辺の道に入ることを勧めたい。

万葉歌人として知られる額田王《ぬかたのおおきみ》は、近江国《おうみのくに》に下る時、次のような和歌を詠んでいる。

「味酒《うまさけ》　三輪の山　あをによし　奈良の山の　山のまに　い隠るまで　道の隈《くま》い積もるまでに　つばらにも　見つつ行かむを　しばしばも（何度も）　見放《みさ》けむ（眺めたい）　山を　心なく雲の　隠さふべしや」

何度でも三輪山を見たいというこの和歌は、古代の貴族が三輪山の姿を愛したありさまを伝えてくれる。もし、山の辺の道をたどる現代の旅人が三輪山の優美な姿を見れば、古代人がそれを神の山として愛した理由が少しは理解できるのではあるまいか。

「大和」の住民は、三輪山を大王の首長霊が鎮まる山と見て、その周囲の三輪を聖地としたのだ。

## 三輪の南の境界を守る岐神

三輪の南の入口に、海石榴市《つばきいち》が置かれていた。そこには、かつてうっそうと茂った椿《つばき》の林があった。古代人は、海石榴（古代には「椿」と書かずにこう表記することが多い）の樹を霊木として尊んでいた。そのため、その下で商取引をすれば、ごまかされることはないと考えたのだ。

三輪山　古代人はここを神々が集まる神奈備山とした

そこの椿の林に住む神は、「岐神《くなどのかみ》」と呼ばれた。邪悪なものに対して、「入って来るな」という「来勿《くな》」と、通路を表わす「途《と》」とが結びついて「クナド」になったのだ。

「岐神」は、「衢《ちまた》（巷）神《がみ》」ともいわれる。「道《みち》」の「股《また》」（チマタ）、つまり道の分かれ目を守る神が「チマタガミ」だ。海石榴市は、三輪の地域に入る山の辺の道と、初瀬《はつせ》道、山田《やまだ》道、磐余《いわれ》道の分かれ目にある。つまり、そこは三輪への邪悪な者の侵入を防ぐために岐神（衢神）を祭る場だったのだ。

『日本書紀』は伊奘諾尊《いざなぎのみこと》の杖が岐神になった話を伝える。尊は、黄泉《よみ》の国の支配者になった伊奘冉尊《いざなみのみこと》に、「建㆓絶妻之誓《ことどわたす》㆒」

（三下り半をつきつけた）。その時に、「此より、な過ぎそ」と言って、杖を投げて、この世とあの世との境界にしたという。

六世紀後半、朝廷の二大豪族である蘇我《そが》氏と物部《もののべ》氏が睨み合ったことがある。疫病が流行した時に物部守屋《もののべのもりや》は、蘇我氏が仏を祭ったために日本の神々が怒って病気を広めたと申し立てた。寺を焼き尼を罰することを天皇から許可された守屋は、わざわざ海石榴市の地を選んで、尼たちの刑罰を執行した。蘇我馬子《そがのうまこ》の保護を受けていた尼は、守屋に渡され、多くの見物人の前で尻や肩を鞭打たれた。この事件の意味は、物部氏を扱う「物部氏の鎮魂の伝統」（一〇二頁）で改めて述べよう。

今では、海石榴市の跡に、海石榴市観音の小さな御堂がある。しかし、そのあたりには民家が建ち並び、古代の椿林の面影は残されていない。

### 大王に従った蝦夷は三輪川の禊をする

話は前後するが、大和川の支流、三輪川が、海石榴市の約二〇〇メートル南方を流れている。山の辺の道は、海石榴市の手前で、しばらく三輪川に沿うようにして続く。

三輪川は、聖地、三輪に入る前に、身を清める禊《みそぎ》をする場だった。つまり、禊で浄い体になれば、岐神に妨げられずに海石榴市の衢を通れると考えられていたのだ。

蝦夷《えみし》（東北地方の住民）たちが六世紀末に敏達《びだつ》天皇の命令で禊を行なった話が、『日本書紀』にある。

朝廷の役人に反抗して暴れた蝦夷の魁帥《ひとごとのかみ》（首長）、綾糟《あやかす》が、都に連れて来られた。その時、彼は初瀬川で禊をして、三輪山に向かってこう誓った。

「臣等《やつこら》蝦夷、今より以後《のち》、子子孫孫《うみのこのやそつづき》、清《いさぎよ》き明《あきら》けき心を用《も》て、天闕《みかど》に事《つか》へ奉《まつ》らむ。臣等、若《も》し盟《ちかい》に違《たが》はば、天地《あめつち》の諸《もろもろ》の神、及び天皇霊《すめらみことのみたま》、臣が種《つぎ》を絶《た》滅え
む」

右にあげた誓いは、律動的《リズミカル》な語句から成る型にはまった言いまわしをとる。その形式は、このような誓いがしばしば行なわれていたことを物語るものだ。

朝廷は、「天皇霊」を天地の神々と並ぶ権威あるものと考えていたわけである。「天皇霊」とは天皇を守る首長霊であるが、その意味や、三輪山が天地の神々や「天皇霊」を象徴するものとされた理由は、「天皇の魂が鎮まる三輪山」（七四頁）で考えていこう。

## 神殿がない大神神社

大神神社《おおみわ》は、海石榴市観音の約一キロメートル北方にある。山の辺の道は、大神神社の一の鳥居前で、参道と出会う。

参道を東方に進むと、寛文四年（一六六四）に四代将軍徳川家綱が再建した拝殿に行き着く。それは重厚な建物だが、拝殿の裏には、それに見合う神殿がない。

私たちは、神社を参拝する時に、神は神殿に常住すると考えがちだ。しかし、もともと神は魂であり、自由にあちこちを行き来するものとされていた。つまり、神は、時を定めて神殿を訪れ、一時滞在して、また去っていくのだ。

ゆえに、神殿は必ずしも、神社に欠かせないものではない。神が来臨する場所に注連縄《しめなわ》を張ったり、仮屋を建てれば、そこが社《やしろ》になる。神が留まる御屋《みや》（宮）に代わるのが屋代《やしろ》（社）だ。だから、神が降りて来る山や巨木、巨石も屋代になる。

大神神社の拝殿の奥には、三輪鳥居という三個の鳥居が建っている。その先は、「禁足地」といわれ、神職でさえも足をふみ入れない聖域とされていた。つまり、拝殿は「禁足地」とされた三輪山を拝むために作られているのだ。

「禁足地の学術調査」が行なわれたことによって、三輪山には三個の巨石群があることが明らかになった。それは、奥津磐座《おきついわくら》、中津磐座《なかつ》、辺津磐座《へつ》と呼ばれ、山頂と拝殿を結ぶ線上に並んでいる。

また、多くの祭祀遺跡も、三輪山の山中や西麓で発見された。

さらに、私は和田萃《あつむ》氏の次の指摘に注目したい。

「むしろ注目されるのは、高宮神社や奥津磐座のある三輪山の頂上が、平坦であるとともに、かなりの面積を有し、夢占の伝承にみえる国見の舞台として相応しいことであろう」(「三輪山祭祀の再検討」『歴史民俗博物館研究報告』七)

三輪山山頂の高宮《こうのみや》神社も拝殿の南の御子森《みこのもり》にある神坐日向《みわにいますひむか》神社も大神神社成立の謎と関わるものだ。いずれも大神神社に付属する社(摂社)で、後者は平安中期にまとめられた『延喜式《えんぎしき》』にも見えている(「式内社」という)。

実は、明治時代に高宮神社と神坐日向神社の名前が入れ替わったのだ。つまり、もとは山頂の神社が神坐日向神社だったのだ。「日向」という名称や、朝日を拝みやすい位置にあることから見て、それは太陽信仰にまつわるものと考えるのがよい。和田氏のいう「国見」の儀礼とも関わるが、詳細は後(八〇頁)に譲る。

## 大神神社と疫病よけの行事

大神神社から山の辺の道を北方に約四〇〇メートル進んだあたりに、狭井《さい》神社がある。それは、大神の麁御魂《あらみたま》（怒った時の神の魂）等を祭る大神神社の摂社だ。旧暦の三月吉日（現在は四月一八日）に、大神神社と狭井神社で、疫病を鎮める鎮花祭《はなしずめのまつり》が行なわれる。狭井神社の境内に、薬井があり、そこの水は万病に効くとされる。また、狭井神社の北側の狭井川の水を飲むと、病気を避けられるとも言い伝えられている。このように見てくると、大神神社の神の麁御魂が疫病と深く関わることがわかる。

大神神社にまつわる疫病よけの行事は、もう一つある。旧暦の三月もしくは四月（現在は六月一七日）に行なわれた三枝祭《さいぐさのまつり》だ。

その日には、三輪山の麓で採れたササユリの花で飾った酒樽が、大神神社の摂社、率川《いさかわ》神社に送られる。ササユリは疫病よけになるという。そのため、今でも三枝祭の日には、率川神社の参拝者たちが、争ってササユリを受けて帰る。

率川神社は、山の辺の道の北端、春日の地にある。神武天皇が狭井川の岸辺に行き、率川神社の祭神、五十鈴姫《いすずひめ》を見初めたと伝えられる。それが機縁になって、大神神社の酒が春日に送られたという。この伝承は、三輪と春日とが古くから密接につながっていたことを物語っている。

**太陽神を祭る元伊勢**

山の辺の道が三輪山の麓を外れるところに、「元伊勢」と呼ばれる檜原神社がある。そのあたりは、三輪と纒向との境界で、箸墓古墳は、檜原神社のほぼ真西にある。

天照大神《あまてらすおおみかみ》を祭る檜原神社は、江戸時代初頭に、伊勢神宮の神官、荒木田《あらきだ》氏が創祀したものだ。崇神天皇が笠縫邑《かさぬいむら》で初めて天照大神を祭ったという伝説に因《ちな》んで作られた。この伝説は、伊勢神宮が大神神社から分かれたことを示すものだ。神社の西方約八〇〇メートルの奈良街道沿いの地に、「是ヨリ東笠縫里」と記した標石がある。

山の辺の道は、檜原神社附近から約一キロメートルにわたった、纒向遺跡の東端を進む。近年発掘が進められている纒向遺跡の詳細については、「前方後円墳を作った平和都市『大和』」（四八頁）で詳しく紹介しよう。

『日本書紀』や『古事記』は、朝廷の本拠地が「大和」にあった時期にまつわる伝承をすべて、第一〇代崇神天皇、第一一代垂仁《すいにん》天皇、第一二代景行《けいこう》天皇の三代の出来事として記している。『日本書紀』の王宮名は六世紀中葉に作られたもので、四世紀の王宮の位置を示すものではないが、その三代の王宮は「大和」にあったとされる。景行天皇の日代宮跡《ひしろのみやあと》は、檜原神社の約六〇〇メートル北方、垂仁天皇の珠城《たまきの》宮跡《みやあと》は、そこから約四〇〇メートル西方にある。後者は纏向遺跡の内部にあり、前者はその外縁部に位置する。

崇神天皇の瑞垣《みずがき》宮跡は大神神社の約三〇〇メートル南西に位置する。そこも「大和」の地域の中だ。

日代宮跡の東方に穴師坐大兵主神社《あなしにますおおひょうずじんじゃ》がある。その参道の南側の「カタヤケシ」の地は、垂仁天皇の時に初めて相撲を行なった旧跡とされ、相撲神社がおかれている。

このあたりからは、天香久山《あまのかぐやま》のなだらかな姿がよく見える。「大和」から、大和三山（天香久山、畝傍《うねび》山、耳成《みみなし》山）に囲まれた飛鳥までは意外に近い。直線距離にして約四キロメートルである。このことは、記憶に留めておいてほしい。

## 巨大古墳が集中する柳本

纒向遺跡の北端を過ぎてまもなく、景行天皇陵、崇神天皇陵の二大古墳に出会う。そのあたりは、もう柳本だ。崇神天皇陵を中心とする地域に、多くの前方後円墳が集中しており、柳本古墳群と呼ばれている。纒向にあった古代都市「大和」の有力者の墓が、北方の柳本に次々に築かれていったのだ。三三面の三角縁神獣鏡《さんかくぶちしんじゅうきょう》を出した天理市黒塚《くろづか》古墳もここにある。

崇神天皇陵の約一・五キロメートル西北に、大和神社がある。深い森に包まれた大社だが、社殿は貞享、元禄の頃（一七世紀末）に建てられたものだ。

大和神社は、もとは箸墓古墳のすぐそばにあった。永久六年（一一一八）の火災によって、高槻山に移り、さらに現在の地に到った。大和神社を祭る倭《やまと》氏は、倭《やまとの》国造《くにのみやつこ》（一郡もしくは数郡を治める地方豪族を「国造」という）とされ、三輪山の祭祀にも関わっていた。また、倭屯田《やまとのみた》と呼ばれる大王の領地の管理を通じて出雲《いずも》氏と結びつき、相撲の起源伝説にも顔を出す。そのような倭氏の性格については、改めて述べよう（九四頁）。崇神天皇陵の北方、約九〇〇メートルの位置に、西殿塚《にしとのづか》古墳という前方後円墳がある。そのあたりが、柳本の外れ、つまり「大和」の境目である。

そこから約三キロメートル山の辺の道を辿ると、山口《やまぐち》神社がある。そこは、朝廷の奈良盆地統一に関与した都祁氏の本拠地だ。それを過ぎると、物部氏の勢力範囲に入る。

　そのあたりは、もう「石上《いそのかみ》」の地だ。まもなく、石上神宮の壮大な拝殿に行き着く。それは、鎌倉時代の建築だ。大神神社と同じように、石上神宮には、もともと神殿がなかった。現在の神殿は、大正二年（一九一三）に設けられたものだ。

**奈良市は春日一族の本拠地だった**

　石上《いそのかみ》神宮の約四キロメートル北方の和爾下《わにしも》神社の手前から、春日氏の勢力圏に入る。

　春日氏から、和珥《わに》（和爾《わに》）、柿本《かきのもと》、大宅《おおやけ》、櫟井《いちい》、小野《おの》、粟田《あわた》といった有力豪族が分かれている。ゆえに、春日一族の勢力圏は広く、奈良盆地東北部から山城を経て、近江の一部にまで及んでいた。

　和爾氏の勢力圏の南限にある和爾下神社は、前方後円墳の後円部に設けられたもので、もとは古墳の主を拝むものだった。その近くの東大寺山古墳では、後漢の中平《ちゅうへい》年間（一八四—九）の銘をもつ鉄刀が発見された。そのことは、春日一族が朝廷の北九州征服に関与した事実を物語るが、その詳細は次章で示そう（一六五頁）。東大寺山古墳の北方の和爾坐赤坂彦《わにのにますあかさかひこ》神社も、和爾氏が祭ったものだ。

和爾下神社の近くに、万葉歌人の柿本人麻呂《かきのもとのひとまろ》の遺骨を葬ったとされる歌塚の石碑がある。そのそばに、かつて柿本寺があった。しかし、それは室町時代に約五〇〇メートル西方の今の櫟本《いちのもと》小学校のそばに移り、明治以降、廃寺になってしまった。

ところで、山の辺の道の紹介の最後に当たって、皆さんに二月、つまり旧正月の前後にそこを訪れることをお勧めしておきたい。旅行案内書は、そこの春と秋の自然の美しさを強調する。しかし、古代史上の重要事項は、旧暦の正月に集中する。

飛鳥寺（法興寺《ほうこうじ》）の本格的建立の開始、冠位十二階の施行、遣隋使《けんずいし》の派遣、それに大化改新詔《みことのり》の宣布、百済《くだら》救援軍の進発、いずれも旧暦の正月の出来事だ。このことは、意外に知られていない。

古代の政治家は、春の気配がようやく感じられる立春前後に新しい事を起こしたくなるらしい。

# 前方後円墳を作った平和都市「大和」

## 古代都市「大和」の発見

三世紀初頭に北九州から吉備を経て奈良盆地に移住した集団が、大和朝廷を起こした。彼らは三世紀末に首長霊信仰を生み出し、全国支配へのみちを歩み始めた。その経過を知るために、まず、近年「纒向遺跡」として発掘された山の辺の道沿いの史跡の中で最も重要な古代都市「大和」を紹介しよう。

纒向遺跡の発掘は、昭和四六年（一九七二）に始まった。もう三十数年にもわたって掘り続けられていることになる。

当初は、単なる弥生時代後期の集落の一つと考えられ、あまり注目されなかった。ところが、全貌が明らかになるにつれて、そこが、大和朝廷の発祥の地ではないかと考えられるようになった。そのきっかけになったのが、昭和五九年（一九八四）に出された寺沢薫氏の「纏（纒）向遺跡と初期ヤマト政権」（『橿原《かしはら》考古学研究所論集』第六）だ。

寺沢氏は、その論文で纒向遺跡が都市的性格をもつことを明らかにした。つまり、三世紀後半から四世紀にかけて、大和朝廷の王宮とそれを囲む官庁群が纒向に置かれていたのだ。前に述べた理由で、私はそこを古代都市「大和」と呼んでいる。

**藤原宮より広い「大和」**

これから、纒向遺跡の特性を、私なりに整理していこう。

第一に注目されるのは、纒向遺跡の規模だ。そこの集落部分の総面積は、約一平方キロメートルにも及んでいる。五一頁下図のように、藤原宮《ふじわらのみや》や多賀城より広く、平城宮と較べてもそう見劣りがしない。

ただし、近年話題を呼んだ大阪府和泉《いずみ》市・泉大津《いずみおおつ》市池上曽根《いけがみそね》遺跡は纒向遺跡の〇・六倍の広さをもつ。そこは、纒向遺跡の前史を考える上で重要なため、後（六六頁）で丁寧に取り上げることにする。

纒向遺跡は、五一頁の図で示したような六集落から成る。それらは北から、草川《くさかわ》集落、太田北《おおたきた》集落、巻野内《まきのうち》集落、太田《おおた》集落、箸中《はしなか》集落、茅原《かやはら》集落と名づけられている。

個々の集落は、別々の機能をもっていたと考えられる。たとえば、大溝《おおみぞ》が発見された太田北集落は、水運を利用した商取引の場であったと推測できる。太田、箸中両集落でも、交易が行なわれていたらしい。その詳細は後で詳しく述べる。

佐賀県神埼町吉野ヶ里《よしのがり》遺跡や奈良県田原本町唐古・鍵遺跡の広さは、いずれも約二五万平方メートルだ。それに対する太田集落が約三〇万平方メートル、箸中集落が約二二万平方メートルとなる。

つまり、弥生時代の平均的な小国六個分の住民が「大和」にいたのだ。集落から歩いて行ける範囲の土地を耕作するだけでは、そこの食糧をまかなえない。しかも、纒向遺跡には木製の鋤は多く残されているが、鍬はほとんど見られない。鋤は土木工事にも耕作にも使われるが、畝や溝を整える鍬なしには田畑を耕作できない。

そういったことから、「大和」の住民は、ほとんど農業を行なわず、交易か貢納で食糧を得ていたと見られる。そこで出土した鋤は、大溝や古墳を作るのに用いられたものであろう。

## 纒向遺跡の概要

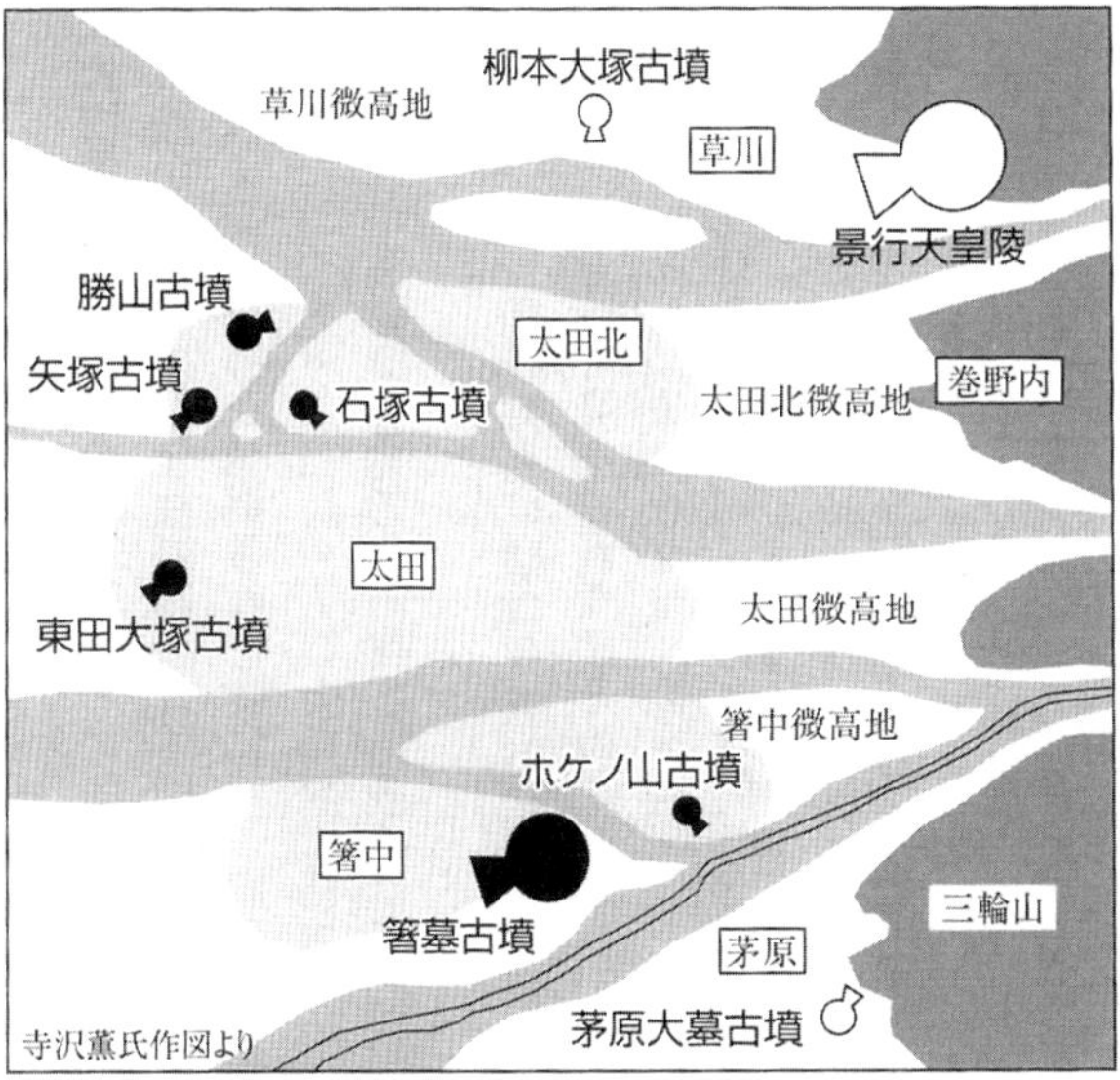


## 古代都市「大和」の規模

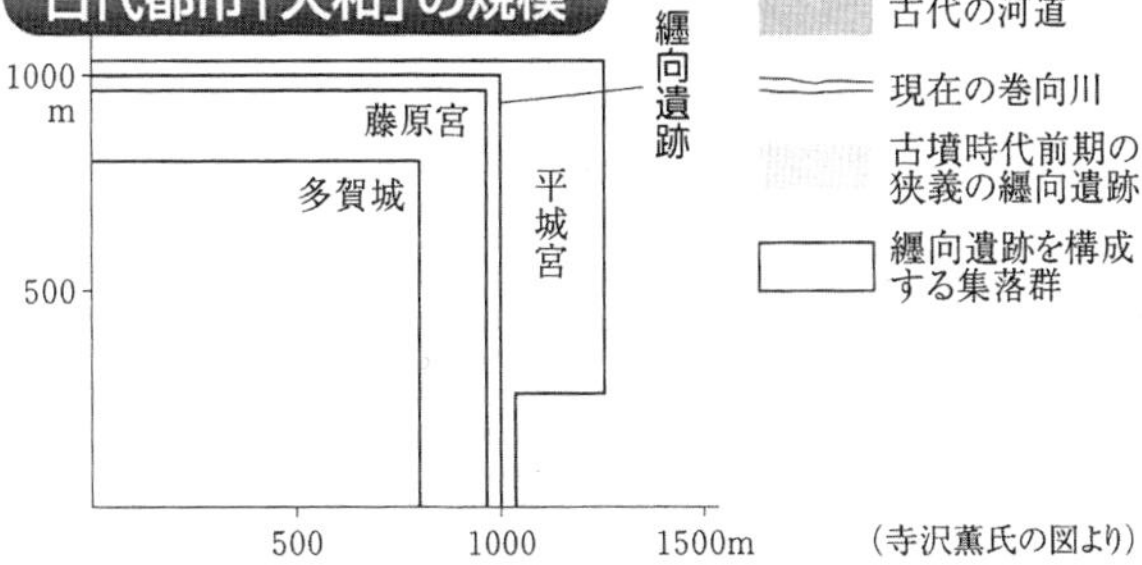


（寺沢薫氏の図より）

## 高床式住居に住んだ「大和」市民

纒向遺跡から多くの掘立柱の高床式住居が見つかった。

戦争直後に登呂《とろ》遺跡が発掘された時には、高床の建物はすべて米を納める倉庫だと考えられた。つまり、当時の人びとは竪穴住居で生活していたとされたのだ。確かに弥生時代の遺跡で発見される住居の多くは竪穴住居で、高床の建物の数は少ない。

ところが、一二軒の弥生中期の高床の建物が、昭和六〇年（一九八五）に香川県善通寺《ぜんつうじ》市矢ノ塚《やつか》遺跡で発掘された。そのことから、そこの住民は高床の建物を日常生活に用いていた、つまりそれは、高床式住居だったと考えられるようになった。そして、その発見をきっかけに、弥生時代の支配層は高床式住居に住んでいたのではないかと言われ始めた。

大和朝廷の支配層は確実に高床式住居に住んでいた。そのことを示す面白い話が、『日本書紀』にある。

住吉仲《すみのえのなかつ》皇子《みこ》が、自分の兄にあたる履中《りちゅう》天皇（仁徳天皇の子）の名をかたって后の黒媛《くろひめ》と関係した。その時、姫のもとに鈴を置き忘れてしまった。

翌晩、履中天皇が黒媛を訪ねた時、「床《みゆか》の頭《はし》」に鈴の音を聞き、怪しんで、

「何の鈴か」

と尋ねると、媛は、

「昨夜《きず》、太子のもちたまへりし鈴にあらずや」

と言った。そこで、天皇は皇子の悪事を知ったという。

明かりのない時代なので、住吉仲皇子が夜中に天皇だと詐《いつわ》っても、媛は気づかないし、天皇は暗闇の中で鈴が見えずにけとばした。このような闇夜の人びとの行動の面白さを示す話である。

この話から黒媛は床のある家、すなわち高床式住居で生活していたことがわかる。

高床式住居を作るには、竪穴住居を設けるよりはるかに多くの手間がかかる。また、日常生活の位置からみても、高床式住居の住民は、自ずから竪穴住居に起居する者に対して優越感をもつようになる。

すると、「大和」の人びとは、その周囲の農村の竪穴住居に住む者より高い地位にあったと見られる。つまり、主に朝廷の役人や、朝廷に必要な交易に従事する有力商人が「大和」にいたことになる。

纏向遺跡から、土木作業などに従事する下層民のためのものと見られる竪穴住居もわずかに出ている。

## 大溝と市《いち》が語る交易の重要性

五一頁の地図に示したように、古代の河道《かどう》は、纏向遺跡のあちこちに走っていた。

しかも、太田北集落ではそれらをつなぐ人工の大溝《おおみぞ》が発見されている。発掘が進むにつれて、より多くの運河が見つかりそうである。「大和」は、さながら「水の都」だ。大和川を溯って巻向《まきむく》川に入った船が、その支流や大溝を使って「大和」のあちこちに各地の産物を運んで来る。また、交易品を満載した船が、「大和」から出て行く。大王の一族は、巻向川が多くの支流に分かれる水上交通に便利な土地を選んで「大和」を置いたのだ。そして、「大和」の中で水路が集中する部分が「大市《おおいち》」だった。

『日本書紀』の倭迹々日百襲姫命《やまとととひももそひめのみこと》を箸墓古墳に葬る記事に、「乃《すなわ》ち、大市に葬る」という表現が見える。つまり、箸墓古墳がある箸中集落はかつて大市と呼ばれていたのだ。しかも、大市の範囲は、そこから太田集落を経て、太田北集落に及ぶものだった。「□市」と書かれた七世紀末の墨書土器（墨で字を書いた土器）片が、太田北集落で出たことは、それを示す。調査担当者は、「□市」は「大市」ではないかという。

さらに、平安時代の国語辞典、『倭名類聚抄《わみようるいじゆうしよう》』は、「大和」に相当する大和国城上《きのかみ》郡に、「於保以智《おほいち》」郷があったという。当時の郡は、いくつかの郷を集めて出来ている。

「市」は物々交換の場だ。「大市」は大規模な「市」とも、朝廷の「市」とも解釈できる。古代には、朝廷のものを尊んで「大」の接頭辞を付す習慣があった。たとえば、朝廷の蔵を「大蔵」といい、朝廷での食事の供給に当たる者は「大膳《だいぜん》」と呼ばれている。

## 高度な木工技術をもった「大和」

きわめて質の良い木製品が、纒向遺跡から何点も出土した。まず、大溝の護岸工事に使われた木材について述べよう。それは、直径約一五センチメートルの柱に、四角いホゾ穴をあけたものから成る。穴には貫《ぬき》という板が通され、貫が柱をつなぐ。木の柱を連ねることによって、土砂崩れを防いだのだ。

これまでホゾ穴に貫を通す技術は、鎌倉時代になって初めて登場すると考えられていた。ところが、纒向遺跡の発掘によって、それが古墳時代のごく初期、四世紀初頭にすでに用いられていたことが明らかになった。言いかえれば、その工法の起源の年代が、約九〇〇年引き上げられたのだ。

大溝の淀みからは、固まった木っぱが大量に見つかった。それはホゾ穴が現地で加工されたことを物語る。「大和」の人が交易でホゾ穴をあけた柱を手に入れたのではない。つまり、貫を用いた高度な木工技術の持ち主は、「大和」の住民に間違いないのだ。

### 木造りの壁をもつ明るい御殿

箸墓古墳のすぐそばでは、四世紀初頭の家の壁材がまとまって出土している。それによって、そこの高床式住居のつくりが明らかになった。彼らは、丁寧に形作った材木を釘を用いずつるで結んで壁にしていた。

まず、細い丸材を並べてつるでまとめる。次いで、細い角材をつるで組み、丸材の外に丸材と直交させて並べる。このようにして、二重のすのこ状の壁が出来上がる。それを作るには手間がかかるが、そうして設けた壁は、風通しがよい。ある程度の明かりも入る。夏に吊るす簾《すだれ》を考えれば、その感じが摑める。

高床式建物として、正倉院の校倉《あぜくら》があまりにも有名だ。しかし、太い材木をびっしり組み合わせた校倉の中は暗い。人が住めるものではない。すのこ状の壁は、当時の技術の範囲で考えれば、きわめて気の利いた発明品だと評価できる。

驚くべきことに壁材の寸法が、きっちりと統一されていた。丸材の直径は、いずれも二センチメートル、角材の厚さは、一センチメートルにまとまっていた。

それらは、太い材木を割って作られたものだ。とすると、彼らの一定の寸法に木を割る木取りの技術は、かなり高度なものだと評価できる。

## 三輪山の旨い水を引く浄水道

きわめて特異な浄水施設も発見された。

それは、四世紀初頭のもので、木製の水槽（集水枡《しゅうすいます》）と樋《ひ》（水を送る管）とを組み合わせて作られている。

溝を作って水を東方から石敷きに引き、それをいったん水槽に入れて北と西との二方向に送るもので、水槽は、当時の田船《たぶね》に似た形をしている。その寸法は、長さ一・九メートル、幅六三センチメートル、深さ一五センチメートルで、かなり小さい。この水槽は、飲み水を貯めるものではなく、水を送る施設の一部である。「三輪」の枕詞の「うまさけ」は、古代には三輪山の近くでは良い酒が作られていたことを伝えるものである。上質の水がなければ、酒作りはできない。このことから、この浄水施設は三輪山にわく良質の水を有力者の屋敷に流すものだと考えられる。

材質の調査から、いったん他の用途に使われた木材が二次的に転用されて浄水施設になったことが、明らかにされている。その事実も、「大和」での木工技術の高さを示している。

## 新嘗祭における地方との交流

「大和」の人びとが農耕神を祭った跡も発見された。一棟だけ孤立して建つ高床の建物がそれである。この建物の下や周辺から祭祀用品を埋めた穴が多く発見されている。

穴の中から煤《すす》が付いた土器が十数点、一端だけ焼けた無数の焚き木、丁寧に脱穀した大量の玄米が出土した。そのことから、新穀を炊いて神に供える祭祀がそこで行なわれたと推定されている。

調理に用いたもの以外にも、多くの土器がある。そこで、祭祀に参列した人びとが供え物のお下がりを分け合って食べる（神と共食する）行事も開かれたと考えられる。

そのような儀式の大筋は、古代の朝廷で整えられた新嘗祭《にいなめのまつり》の手順と一致する。今の皇室にまで受け継がれた新嘗祭の原形は、古代都市「大和」で生まれたのだ。

古代には、一度、祭祀の場に出された品物は二度と用いてはならないと考えられていた。そのため、伊勢神宮では近年まで、式年遷宮《しきねんせんぐう》（二〇年に一度の重要な祭祀）で使われた用具が、境内の人知れぬ場所に埋められていた。

新嘗祭は、地方の首長が朝廷への忠誠を示す場でもあった。その意味で、尾張の土器が「大和」の祭祀遺跡から出ていることに注目したい。

それは、各地の人が収穫感謝の祭祀に加わり、朝廷の人びととともに食事をしたことを物語るものであろう。

太田北集落の調査の時に、九一四個の土器片をサンプルにして、その原産地を探る研究が行なわれた。それによって、その中の二五・六パーセントがよそから纒向に持ち込まれたことが明らかになった。

また、纒向遺跡全体から出土した土器の原産地の調査から、東は武蔵から西は長《なが》門《と》に及ぶ広範囲の土器が纒向に来ている事実がわかった。つまり、「大和」の住民は各地の首長と積極的に交流を行なっていたのだ。その詳細については、大和朝廷による全国統一を考える次章で述べよう。

## 古代都市の発生と「大和」

古代都市の発生という視点から、これまでの考古学的知見を整理しておこう。いずれの民族も、古い時代に城砦《じようさい》（城やとりで）から都市への発展を経験して、古代文化を生み出しているからだ。

エジプト、メソポタミア、インダス、黄河の四大文明は、いずれも都市の発生とともに誕生した。

城砦は、小国とその王の出現時に生じる。その時に初めて、小国を外敵から守るとともに、民衆の反抗を押さえるための施設が必要とされるからだ。日本では、弥生中期初頭つまり紀元前一世紀中葉が、城砦の発生期だ。それ以後、戦闘を目的とした高地性集落や環濠集落が多く設けられていく。佐賀県神埼町吉野ヶ里遺跡は、典型的な環濠集落だ。

城砦は、軍事目的のみに用いられるもので、独自の文化を創り出すことはない。

ところが、王の支配が安定すると、王や貴族が生活を楽しむための都市が生まれる。その段階の王は強力な軍隊をもつ。その時期になると、防備より王者の贅沢を優先した王宮が建てられ、そこには庭園や浄水施設、宴会場等が作られる。

王宮の周囲には、貴族、役人、職人の家が置かれ、道路や運河が整備されて、多くの商人が集う。そうして都市が形成されるのだ。その段階で、王に召し抱えられた学者や芸能民が発生する。彼らは、都市に新たな文化を生み出す原動力となっていく。

そのような都市は、都市計画をもつ。王の支配に便利な形で役人、兵士の居住地、商業地等が区分される。

このように考えてくると、三世紀後半の古代都市「大和」の誕生は、日本独自の古代文化を作ることを可能にした画期的出来事だと評価できる。

## 大陸文化の影響が少ない「大和」

これまでの発掘による限り、纒向遺跡の遺物に大陸文化の影響がほとんど見られないことに、特に注意する必要がある。というのは、三世紀以前の北九州の小国の跡で、多くの中国、朝鮮風の豪華な品物が発見されているからだ。

福岡県春日《かすが》市須玖岡本《すぐおかもと》遺跡は、一世紀中葉に栄えた奴国《なこく》に関わるものだ。そこには、巨石を用いた朝鮮風の首長墓（支石墓《しせきぼ》）があり、前漢鏡を中心とする舶載鏡《はくさいきょう》（輸入された銅鏡）三〇面、銅矛六本等を出している。二世紀に繁栄した伊都国《いとこく》の跡にある福岡県前原《まえばる》市三雲《みくも》遺跡からは、前漢鏡三五面、銅矛二本等を納めた甕棺《かめかん》（大型の土器で作った棺）が発見された。

ところが、纒向遺跡にはそのような大陸的な青銅器が見られない。

今のところ、銅鐸の小片が、纒向遺跡から出土した青銅器の唯一の例になる。それは、三世紀中葉のもので、銅鐸を吊るす鈕部《ちゅうぶ》の耳飾りの断片だ。明らかに人為的に割られている。つまり、古代都市「大和」が作られてまもない三世紀中葉に、そこの支配者が銅鐸祭祀を否定したことになる。

## 後進地に生まれた大都市「大和」

古代都市「大和」成立の年代は、卑弥呼《ひみこ》の時代と一致する。卑弥呼は二世紀末に邪馬台国《やまたいこく》連合の女王になり、彼女の最後の使者は、正始《せいし》八年（二四七）に大陸に着いている。また、卑弥呼の後継者、台与《たいよ》が派遣した泰始《たいし》二年（二六六）の使節の記事もある。

現在の時点では、二世紀末に中国と意欲的に通交した邪馬台国の跡が、そのころの大陸文化の影響の少ない纒向遺跡だったとは考えにくい。

平成一〇年（一九九八）に、纒向の北方の天理《てんり》市黒塚《くろづか》古墳から三三面の三角縁神獣鏡が出土した。黒塚古墳は二八〇年ごろのものと見られるので、二世紀末から三世紀末のあいだに大和朝廷が勢力を拡大し、多くの青銅器を保有するようになったと見られる。

しかし、考古資料によると二世紀末の北九州には、邪馬台国に代表される豊かな大陸文化を享受した小国があった。一方、そのころ大陸との交通路から遠い近畿地方には、木工技術等の独自の文化を有する大和朝廷が作られつつあったと見られる。

大陸文化を中心に考える限り、「大和」は後進地だ。たとえば、当時の北九州の鉄器の量は、近畿地方のそれよりはるかに多い。

しかし、次々に入ってくる大陸の最新の文化に目を奪われた小国は、固有の技術文化を形成しにくい。その意味で、「大和」は恵まれた位置にあった。

古代都市「大和」が誕生すると、商工民や学者が、そこに安住できるようになる。彼らの主な仕事は新たな商品や文化を作り出すことだ。ゆえに、都市の発生は、周辺の文化を受け入れ、工夫を加えて独自のものを創造する集団の誕生を意味した。古代都市「大和」の文化は三世紀末に急成長した。

このようにして、大和朝廷固有の文化が次第に形作られた。それは、やがて各地に広まっていく。後で述べるように、大和朝廷は多分、四世紀初頭に北九州を支配下に収めたのだろう。その時から、「大和」の住民は自由に大陸文化を得られるようになり、急速に豊かな文化を形成していく。

## 特殊器台が語る吉備から「大和」への移住

特殊器台《とくしゆきだい》と特殊壺《とくしゆつぼ》は、三世紀の吉備文化を代表する土器だ。それらは、同筒型の器台に壺を載せて用いられる、精密な文様をもつ祭器だ。

特殊器台と特殊壺は、下道《しもつみち》と呼ばれた吉備中央部を中心に、吉備文化の影響下にある土地のみに分布する。下道は、今の岡山県総社《そうじや》市を中心とする地域で、そこには、有力な総社古墳群がある。

纒向遺跡で、特殊器台の破片が二点、発見された。また、箸墓古墳にも、特殊壺が飾られている。その事実は、吉備からの移住者が古代都市「大和」を開いたことを最も雄弁に物語る。

纒向遺跡は、下道に起こった吉備固有の祭祀を受け容れた、近畿地方でただ一つの集落といってよい。しかも、銅鐸を割った事実に象徴されるように、古代都市「大和」は、前代の近畿地方の祭祀をほとんど取り入れていない。それでいながら、彼らが土木技術に代表される近畿地方固有の文化を貪欲に取りこんでいる点に注意する必要がある。

そのことに関連して、寺沢薫氏が、興味深い指摘をしている。氏は、奈良盆地の弥生時代の遺跡の分布を整理した上で、次のように述べている。

「この巻向川流域地域は、第Ⅳ期（弥生中期）以前にはほとんど集落の形成もなく、いわば空白の小地域だっただけに、遺跡の集中と纒向のごとき大集落の形成という変容は目をみはるものがある」（「大和弥生社会の展開とその特質」、『橿原考古学研究所論集』第四）

弥生後期に当たる二世紀中葉からようやく人びとが纒向に住み始めたのだ。纒向にある弥生後期初頭の遺跡の数が少ないことがそれを物語る。そして、三世紀初頭になると纒向の遺跡は急増する。

吉備から纒向への移住は、二世紀中葉から小規模に始まり、纒向遺跡最古の古墳、纒向石塚古墳《まきむくいしづか》が作られた三世紀初頭頃、本格化した。

平成二年（一九九〇）に岡山県高塚《たかつか》遺跡から、「貨泉《かせん》」と呼ばれる古代中国の銅銭が二五枚まとまって出土した。それは、一世紀初頭に中国で鋳造されたもので、二世紀末に掘られた土壙《どこう》（人為的に作った溝）に納められていた。それまで国内で発見された貨泉がわずか一六枚であることから見て、高塚遺跡の発見は、纒向への移住がなされた時期の吉備の豊かさを示すものと評価できる。

纒向遺跡出現直前まで栄えた有力な遺跡が四例ある。大阪平野の大阪府和泉市・泉大津市池上曽根遺跡と、奈良平野の田原本町唐古・鍵遺跡、天理市岩室平等坊《いわむろびょうどうぼう》遺跡、桜井市大福《だいふく》遺跡・橿原市坪井《つぼい》遺跡である。

市の境界線があるため、古代の一個の集落が大福遺跡と坪井遺跡とに分けて表示されている。右にあげた四例はすべて環濠集落で、三世紀初頭前後に解体する。その時、環濠は埋められている。

平成七年（一九九五）、池上曽根遺跡から古代の神殿跡と見られる巨大な建物が見つかった。そして、その翌年に神殿の木材の年輪の分析から、神殿が紀元前五二年もしくはその少し後に建てられたのではないかとする説が出された。

紀元前一世紀中葉頃に大和や河内に有力な小国ができたが、それらは三世紀初頭の動乱で解体した。その直後に古代都市「大和」が出現したのだ。

飛鳥を中心とする奈良盆地南部に、弥生中期以前の遺跡が多い。ゆえに、大和川をのぼってきた移住者は、優勢な集団との衝突を避けるために、飛鳥川方面に南下せず、巻向川に西進した。

しかし、三輪と柳本にも、先住民がいた。そこで、吉備から来た人びとは、「大和」の中の三輪、柳本をよけて、纒向に落ち着いたのだろう。

## 「大和」最古の古墳、纒向石塚古墳

近年の纒向石塚古墳の調査を通じて、纒向の人びとが吉備の墳丘墓を原形に、前方後円墳を作っていったいきさつが明らかになってきた。

五一頁の地図に示したように、纒向に六基の前方後円墳がある。全長二七八メートルの箸墓古墳を除く五基は、きわめて類似する設計のもとに築かれている。ゆえに、纒向石塚古墳等と同じ形式をとる前方後円墳をまとめて「纒向型前方後円墳」と呼んでいる。それらの前方部は、異常に小さく、また低い。横から見ると、円墳と見間違えそうなほどだ。

纒向型前方後円墳は、前期のものと後期のものとに分けられる。平成七年（一九

## 纒向石塚古墳

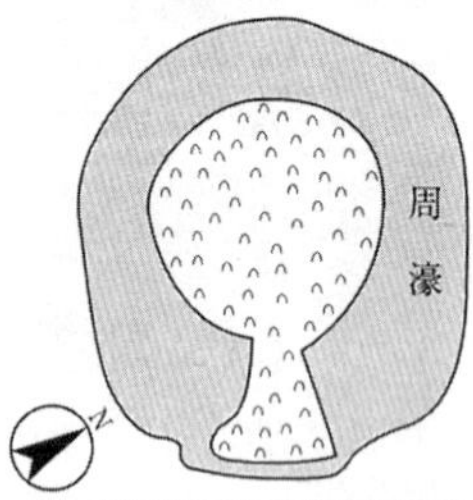


寺沢薫氏「纒向遺跡と初期ヤマト政権」より

## 纒向遺跡の纒向型前方後円墳

| 古墳名 | 全長 | 築造年代(推定) |
|---|---|---|
| 纒向石塚古墳 | 93m | 220年 |
| 矢塚古墳 | 96m | 230年 |
| 勝山古墳 | 100m | 250年 |
| 東田大塚古墳 | 96m | 250年 |
| ホケノ山古墳 | 90m | 250年 |

## 前期纒向型前方後円墳と後期纒向型前方後円墳の違い

ホケノ山古墳（後期）　纒向石塚古墳（前期）

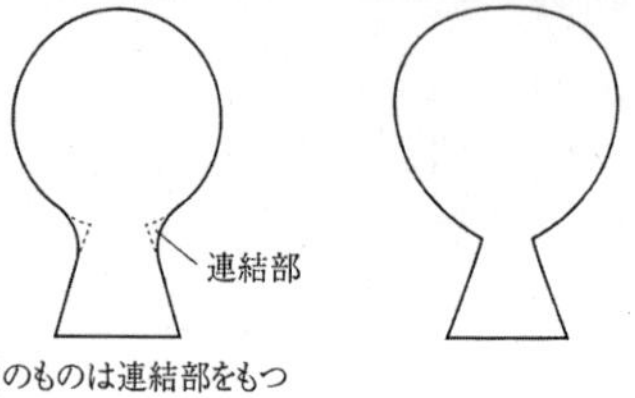


後期のものは連結部をもつ

九五）に後期に属す桜井市ホケノ山古墳の調査が行なわれ、それは箸墓古墳より古い二五〇年頃のものだとされた。

さらに、纒向型前方後円墳の後円部が正確な円形をとっていないことも注目される。前方部に接した箇所がだらっと延びて前に連なっているのだ。そうすると、人びとはまず低く作った前方部に楽にのぼり、次に前方部と後円部のつなぎを上がっていくことができる。

このような設計は、遺骸を納める墳丘と参道とを自然な形でつなぐ吉備の墳丘墓の特性を受け継ぐものだ。前方部を高く作ると、前方部に入るところで古墳と外界とを切り離すことになってしまう。

## 纒向石塚古墳の吉備的要素

紀元二〇〇年前後の吉備で多くの墳丘墓が作られた。その大部分は、丘陵上に築かれ、石を用いた槨《かく》（石室）を設けて、その中に棺を納める葬法をとっている。また、墳丘を飾る葺石《ふきいし》と呼ばれる形の整った石や、墓を浄める赤色の顔料が用いられることも多い。

そういった吉備の諸要素は、すべて「大和」の発生期の古墳に受け継がれた。また、吉備の人びとは、墳丘上で死者のための祭祀を行なっていた。そのため、墳丘に登る参道は、墳丘墓に欠かせないものだった。

その意味で、纒向石塚古墳の周濠（堀）が特殊な形に作られていることが注目される。それは、後円部を囲む部分では約二三メートルの幅をもつのに、前方部の端では、約四メートルしかない。「大和」の人びとは、堀の外から前方部に橋を渡して墳丘に登って祭祀を行なったのだろう。

赤色の顔料を塗った建築材が、纒向石塚古墳で発見されている。用材に顔料を塗る等の呪術が、古墳築造時に行なわれたことを物語るものだ。赤色の顔料を重んじる風習は、吉備から来ている。古墳の造作は神聖な行事とされていた。時には一つ一つの工程が呪術とともに行なわれたのだろう。四世紀以降、多くの古墳が築かれるようになると、古墳作りは単なる土木工事と考えられるようになる。そのため、そういった呪術は姿を消す。

## 神と人とが作った箸墓古墳

纒向遺跡に設けられた最後の前方後円墳が箸墓《はしはか》だ。それは、二八〇年前後に作られている。次に紹介する『日本書紀』の記事から、そのころまでは、まだ古墳作りが神聖な行事とされていたことがわかる。それでいながら箸墓古墳は、前方部を高くして人の入るのを拒絶した形をとる。つまり、箸墓古墳には、纒向型前方後円墳と共通する要素と相違する要素とがあるのだ。『日本書紀』の、箸墓古墳造営にまつわる話は、以下のようなものだ。

倭迹々日百襲姫《やまとととひももそひめ》は、三輪山の大物主神《おおものぬしのかみ》の妻になった。ところが、神は毎晩姫を

箸墓古墳　倭迹々日百襲姫の墓と伝えられる（写真：寿福 滋）

訪れてくるが、いつも夜明け前に山へ帰ってしまう。

不思議に思った姫は、神に「御姿を見せて下さい」と頼んだ。神は「それなら明朝、姫の櫛笥《くしげ》（くしを入れる箱）に留っていよう」と言った。

夜が明けたので、姫は櫛笥を開けてみた。すると、そこに小さな蛇がいた。それを見た姫が驚きの声を上げると、神は怒って三輪山に去って行った。その悲しみで、姫は箸で女陰《ほと》を突いて死んでしまった。

この時、大坂山《おおさかやま》（奈良県香芝《かしば》市にある二上山の北側の山）から大市まで人を並べて、手から手へと石を送って姫の墓を作り、それを箸墓と名づけた。

「是の墓は日《ひる》は人作り、夜は神作る」
と言われたという。

## 神婚譚が意味するもの

「大和」最初の大型古墳の主を三輪山の神の妻とする伝承は、発生期の大和朝廷の性格を物語る興味深いものだ。

五、六世紀には、戦士を束ねる男性が大王になることが常識であり、女性の地位は低い。だから、箸墓古墳が女性を葬るという伝えは、後世作られたものではなく、長期にわたって語り継がれた事実だと考えてよい。

箸墓古墳の規模から見て、三輪山の神の妻をつとめる巫女は大王より力をもっていたと考えられる。箸墓古墳に先立つ纒向型前方後円墳のいくつかも「神の妻」を葬るものであったろう。

つまり、三世紀の発生期の大和朝廷では、神のお告げを聞く「神の妻」が最も力をもっていた。ところが、箸墓古墳が作られた前後に、大王が体内に「天皇霊」を受けるとする首長霊信仰が生まれた。それからすぐ、「神の妻」は置かれなくなった。それゆえ、後世の朝廷には王族の女性が三輪山を祭る習慣が見られない。

箸墓の伝説の中の神が三輪山に帰るくだりは、王族の女性が神を祭る段階から、大王自身が神になる時代への転換を暗示する。また、後で詳しく述べるように、倭《やまと》氏は王族の女性に代わって、大倭《おおやまと》（大和）神社の祭祀に当たるようになったという言い伝えをもつ。物部氏も王女に代わって石上神宮の神宝を扱うようになったという。そのことも、「神の妻」の退場に対応するものだ。

箸墓造営を最後に纏向に古墳が作られなくなり、それに代わって、大王を葬る大型古墳（本書では全長二〇〇メートルを越える古墳を大型古墳とする）が柳本に築かれ始めた。大王が超越的地位をもつようになったため、その墓が都市の外に作られるようになった。その意味は改めて述べよう（八四頁）。

柳本にある黒塚古墳は、大王を葬るものではなく、戦士もしくは交易民の支配にあたった有力な王族のものであろうか。彼の時代には、大和朝廷の性格が大きく変わりつつあったろう。

# 天皇の魂が鎮まる三輪山

## 自然神の体現者が大王になる

発生期の大和朝廷は、神託を聞く女性の司祭者の統治をうけていた。しかし、三世紀末にそこの神の性格が大きく変わった。朝廷の全構成員の神であったものが、大王ひとりにつく神に変わり、大王が神に等しい地位について人びとを治めるようになったのだ。この変化を、首長霊信仰の成立という。

三世紀末の古墳の巨大化は、大王を神と同一化させる発想から生じた。その観念の発生とともに、大和朝廷は積極的に日本列島統一の動きを始めた。

大王は、国土を支配する神である。国魂《くにたま》の体現者だ。だから、日本全体を統治し、そこのすべての文化を自己のものにしなければならない。そう考えられるようになったのだ。

そのために、「大和」の語が、奈良盆地全体を表わす言葉へと変わっていった。さらに、日本全体を「やまとのくに（日本国）」と呼ぶ用法が生じた。

先に、蝦夷《えみし》たちが三輪山に向かって、もし朝廷に背けば「天地《あめつちの》諸《もろもろの》神《かみ》及天皇《すめら》霊《みことのみたま》」が自分たちを滅ぼすだろうと誓った『日本書紀』の記事を紹介した。それは、古代人が大王と神とを同一視したことを示す典型的な例だ。

「天地諸神」と「天皇霊」とは別のものではない。「天皇霊」は、神々の魂の一部が分かれて大王の体についたものだ。

「すめらみことのみたま（天皇霊）」という言いまわしは、特に改まった用法だ。古代の人は普通はそれを「みたま」と呼ぶ。「み」という尊敬語を付けるだけで大王の「たま」を意味したのだ。

## 国土統一を助ける「天皇霊」の威力

前にあげた「天皇霊」の例が、蝦夷の服属という日本統一にまつわる事項に出てくることに注意したい。

『日本書紀』の日本《やまと》武《たける》尊《のみこと》の遠征に関する記事にも、「天皇霊」が見える。尊《みこと》は、蝦夷を討ちに行くに当たって、父である大王に次のように言っている。

「嘗《むかし》、西《にしのかた》を征《う》ちし年に、皇霊《みたま》の威《ふゆ》に頼《よ》りて、三尺剣《みじかきつるぎ》を提《ひきさ》げて、熊襲国《くまそがくに》を撃つ」

さらに、「神祇《あまつかみくにつかみ》の霊に頼る天皇の威《みいきおい》を借りて」これから蝦夷を従えようという。

自分の武芸や軍略で熊襲や蝦夷を征服するのでなく、神々の魂をうけた「天皇霊」の威力で彼らを服属させるというのだ。

さらに、「天皇霊」の霊力は、人力の及ばぬ事柄を可能にすると考えられていた。『日本書紀』は、田道間守《たじまもり》という者が垂仁《すいにん》天皇の命令で常世国《とこよのくに》（ここでは海の彼方の異郷）から橘《たちばな》を持ち帰った話を伝える。国に帰り着いた田道間守は、次のような感謝の言葉を述べる。

「聖帝《ひじりのみかど》の御霊《みたまのふゆ》に頼《よ》りて、僅《わずか》に還り来ること得たり」

また、天平二一年（七四九）に陸奥国から黄金が産出した。大伴家持《おおとものやかもち》がそれを知って感激して詠んだ和歌の中に、次の語句がある。

「天地の　神相《あい》うづなひ　天皇《すめろぎ》の　御霊《みたま》助けて　遠き世に　なかりしことを　朕《わ》が御世に　現はしてあれば……」（『万葉集』巻一八）

このような例を上げていくと、古代人が「天皇霊」を宿した大王（天皇）を神に等しい威力をもつ者として崇めていたありさまが伝わってくる。

## 血筋の良い王族が「天皇霊」を受けた

「天皇霊」の力が広大であったため、それを背負う人間は慎重に選ばれた。

そのために、六世紀中葉から八世紀中葉までの間の王家（皇室）で近親結婚が多く行なわれた。欽明《きんめい》天皇が、王族の女性を大后《おおきさき》（のちの皇后）に立てて、先帝と大后との間の長子を大王位《おおきみのくらい》の継承者にする慣例を作った。

そのため、約二〇〇年間にわたって、大王の母の出自が重んじられ続けた。その定めは、奈良時代に藤原氏の外戚政策によって崩された。

また、崇神天皇が二人の王子の夢を尋ねて、その一方を後継者に決めた話もある。

崇神天皇が、豊城命《とよきのみこと》と活目尊《いくめのみこと》（垂仁《すいにん》天皇）の二人の子を呼んで、「お前たちが今晩見る夢で、どちらに王位を伝えるか決めたい」と言った。翌朝、豊城命は、

「自ら御諸山《みもろやま》（三輪山）に登りて東に向きて八《や》廻弄槍《たびほこゆけ》（槍を突き出すこと）し、八廻撃《たち》刀《かき》（刀を振ること）す」

と報告した。一方、活目尊は、

「自ら御諸山の嶺《たけ》に登りて、縄を四方《よも》に絚《は》へて、粟を食《は》む雀を逐《や》る」

と語った。それを聞いて大王は、豊城命に東国を治めることを命じ、活目尊を後嗣ぎにした。

この意味は後で詳しく説明するが、古い時代には卜占《ぼくせん》で大王を決めたこともあったのだろう。

壬申《じんしん》の乱の時の次の話は、「天皇霊」の性格を考える上で興味深い。

大海人皇子《おおあまのみこ》（後の天武《てんむ》天皇）が美濃《みの》国不破《ふわ》郡野上《のがみ》郷に進出した時、息子の高市皇子《たけちのみこ》が和蹔《わざみ》（今の関ヶ原付近）から出迎えに来た。その時、皇子は父に次のように言った。

「近江《おうみ》の群臣、多《さわ》なりと雖《いえど》も、何ぞ敢《あ》へて天皇霊に逆《さから》はむや」

大海人皇子は、この時にはまだ即位していない。しかし、皇子の母は女帝の斉明《さいめい》天皇である。それに対する近江朝廷の大友皇子《おおとものみこ》は、伊賀《いが》国出身の采女《うねめ》（地方出身の女官）宅子娘《やかこのいらつめ》の子だ。だから、高市皇子は、日本を治める資格を与える「天皇霊」は、大海人皇子につくに違いないと言っているのだ。

## 「天皇霊」を負う大王暗殺は重罪

天皇（大王）の即位の折りに行なわれる大嘗祭《おおなめのまつり》の中に、「真床御衾《まどこおふすま》」という重要な部分がある。それは、天皇（大王）がいったん蒲団《ふとん》をかぶって隠れ、その後で再び姿を見せるものだ。これは今日の皇室でも行なわれている。

この行事は、天皇がいったん人びとの前から姿を消し、蒲団の中で「天皇霊」を身につけて再びこの世に現われるものだ。つきつめていけば、新たに即位した天皇は、原則的には大嘗祭まで正式の君主と認められないことになる。

大王暗殺事件は、古代史上、二件ある。王子殺しはそう問題にされなかったが、「天皇霊」を背負った大王を殺害することは重大な罪とされた。

五世紀末に、眉輪王《まよわのみこ》という者が安康《あんこう》天皇を殺害した。その時、大王の弟の幼武《わかたけの》皇子《みこ》（雄略天皇）がただちに眉輪王を倒して、大王位についた。

幼武皇子は、坂合黒彦《さかあいのくろひこの》皇子《みこ》と八釣白彦《やつりのしろひこの》皇子《みこ》の二人の兄に、「共に眉輪王を攻撃しよう」と声を掛けた。ところが、二人は躊躇して動こうとしない。それを見た幼武皇子は、二人の兄まで殺してしまった。

『日本書紀』や『古事記』は、それを当然のこととして記す。古代では、大王殺害犯を積極的に討たないことまでもが、大きな罪だったのだ。

「天皇霊」は、秋の新嘗祭《にいなめのまつり》の時に、一時的に天皇の体から離れる。六世紀末に蘇《そ》我馬子《がのうまこ》が東漢駒《やまとのあやのこま》という者に命じて崇峻《すしゅん》天皇を暗殺させている。この時、馬子は新嘗祭の日にそれを決行させた。「天皇霊」が離れた瞬間を狙うことで、大王殺しの汚名をうまく避けたのだ。

### 大王のちかき守りが「天皇霊」

「天皇霊」は、三輪山に住むと同時に、大王の体内にもいると考えられた。「天皇霊」が霊魂である以上、それが同時に二箇所に出現しても瞬時に長距離を移動してもかまわなかったからだ。

鎌倉初期の『年中行事秘抄《ねんちゅうぎょうじひしょう》』という儀式書がある。そこには、宮中の鎮魂祭《たましずめのまつり》で用いられた、次のような和歌が記されている。

「三輪山に　有り立てる　チカサを　いま栄えでは　いつか栄えん」

チカサは、「天皇霊」の別名だ。天皇の身近な守りだから、そう呼ばれていた。都が京に移っても、「天皇霊」は三輪山にいながら天皇のすぐそばにもあると考えられたのだ。

三輪山では、大王が支配下の土地を眺めて豊作を願う国見《くにみ》の行事が行なわれていた。国見では太陽神や水の神が祭られ、その時の大王の民情の視察が、政治に生かされた。

前に述べたように、活目尊《いくめのみこと》（垂仁天皇）は三輪山の上でスズメを追う夢を見て大王位のあとつぎとされた。その夢は、国見を象徴するものだ。国見では大王が三輪山の頂上に立つことによって自らを三輪山の神と同じ位置にもって来ていることに注意したい。

「天皇霊」の観念の発生とともに、「天皇霊」の力を増す鎮魂《たまふり》の呪術が重んじられるようになる。そして、鎮魂を受け持つ物部氏が、大和朝廷と深く結びつく。その詳細は、「物部氏の鎮魂の伝統」（一〇二頁）で述べよう。

## 祖霊信仰から首長霊信仰へ

「天皇霊」の形成は、大王の一家だけに関わるものでなく、首長霊信仰という新たな発想を生み出して、その後の日本の歴史、文化を大きく規定した出来事である。首長霊信仰は、祖霊信仰と対になる概念だ。

最も単純に定義すれば、あらゆる自然現象にまつわる神々も、すべての人間の先祖も平等にひとまとめにして祭ることが、祖霊信仰となる。そして、特定の首長を尊んで、みんなでその祖先を祭ることが、首長霊信仰だ。大王だけが首長になるのではなく、集団を統率する長は、すべて首長とされる。

蘇我氏の全体を「豪族」と呼び、蘇我馬子のような、集団を体現する第一人者を「首長」と見ればよい。個々の貴族の能力が重んじられる奈良時代になると、首長の役割は意味をなさなくなる。

首長霊信仰は、精霊や祖霊を否定するものでなく、首長霊が多くの霊にはたらきかけて彼らを動かすという考えである。ゆえに、皇祖神天照大神が日本の八百万《やおよろずの》神《かみ》の長とされる。

祖霊信仰と首長霊信仰、さらに三章で紹介する精霊崇拝が絡まり合って、日本的信仰（神道）を形作ってきた。前の二者は、特に混同されやすい。たとえば、江戸時代の農民の村祭りは、祖霊信仰の要素が強く、お伊勢参りは、首長霊信仰の性格が大きい。しかし、その両者には祖霊信仰のそれも首長霊信仰のそれも見られる。日本的信仰の中の祖霊信仰の部分と、首長霊信仰の部分とを混同してしまうと、日本人の思想を正確に摑めなくなる。

## 南方からきた祖霊信仰

祖霊信仰は、水稲耕作とともに江南から伝えられた。

人が死ぬと、その魂は海の彼方の美しい世界に行く。そして、時々帰って来て子孫たちの生活を助ける。そのような祖先たちの霊魂（祖霊）は、自然物の精霊にはたらきかけて自然現象を操り、農耕の神となり漁撈《ぎょろう》の神となる。これが祖霊信仰の基本的発想だ。

このような信仰は、江南、インドネシア、フィリッピン等の南方の各地に見られる。祖霊信仰では、すべての人の魂が平等に扱われる。だから、村人は家で自分の祖先を祭るとともに、村の祭祀の時に村人全体の祖先を崇める。

そのような信仰は、容易に万物の霊魂を祭るアニミズム（精霊崇拝）と結びつく。そして、祖霊が水の神、風の神等と融合する。

正月とお盆の習俗には、祖霊信仰の名残りが強く見られる。正月は、祖霊で農耕神である年神様の祭りだ。年末に門松を立てて、年神様に降りて来てもらい、餅や御馳走を供える。そして、正月一五日のどんど焼きで、門松を焼いて年神様を煙とともに送り出す。

御年玉は、もとは「御年魂」で、供え物の餅のお下がりを年神様の魂として子供たちに配ったものだ。

お盆の時も、迎え火で御先祖様を呼んで、供え物をする。送り火を焚いて、祖霊をあの世に返す。昔は、お盆と正月が一年の大切な節目とされたので、その時に家々で祖霊信仰にまつわる行事が行なわれていたのだ。「盆と正月が一遍に来たようだ」という言いまわしは、今の私たちにも受け継がれている。

## 巫女が姿を消すと首長霊信仰が生まれる

『万葉集』にはしばしば、「大王は　神にしませば」という表現が出てくる。そのことは、「天皇霊」信仰成立とともに、大王が神に近い位置に引き上げられたことを明確に物語る。

ところが、「魏志倭人伝《ぎしわじんでん》」は邪馬台国《やまたいこく》の人びとが、卑弥呼《ひみこ》やその弟や台与《たいよ》を神として崇めたとは記していない。卑弥呼が「鬼道《きどう》に事《つか》えて、能《よ》く衆を惑わす」と伝えるだけだ。

当時の中国の用例から見て、「鬼道」は死者を祭ることだと考えられる。つまり、卑弥呼の支配は、まだ祖霊信仰の段階のものだった。卑弥呼が神の位置まで引き上げられていないために、人びとは卑弥呼を通じて神託を伺って政策を決めた。

つまり、的外れな神託を下した巫女《みこ》は退けられて、別の巫女が立てられたのだ。『日本書紀』に、倭迹々日百襲姫《やまとととひももそひめ》が三輪山の神のお告げを受ける話がある。そのことから、大物主神の妻とされた彼女も、卑弥呼と同じ立場にあったことがわかる。

その時期の巫女は、まだ人びとに身近な存在であった。箸墓古墳以前の前方後円墳が「大和」に作られ、その多くは墳丘に登れる構造になっていることは、それに対応する。

そして、三輪山の神の魂を宿した大王が出現すると、大王の墓は、人びとの居住地から離れた特定の墓域に移されていった。

## 専制君主と革命のない日本

集団の構成員に首長の祖先神を祭らせる首長霊信仰は、首長の専制を保証するものと考えられやすい。しかし、実際はそうではない。日本の神は、崇める者に御利《ごり》益《やく》を与えねばならない。そこで、首長霊を背負う者は、権力で私利を図ることができず、集団の構成員のためになる政治を行なわねばならないことになる。

そのような首長は、支配下の事情を隅々まで熟知して、適切に指導するように求められた。そのため、大和朝廷に各地の情報が集まり、日本文化は、きわめて求心性の強いものになった。

日本史上に専制君主と革命が見られない理由は、ここにある。日本の支配層は、民衆の意に添わない指導者を首長霊信仰に叶わない者として退ける自浄作用をもつのだ。

「天皇霊」信仰が作られると、豪族たちもそれにならって自家の祖先神を重んじるようになった。つまり、家ごとの首長霊信仰を作り上げていったのだ。やがて、大伴氏の祖先神、天忍日命《あまのおしひのみこと》、中臣氏の祖神、天児屋根命《あまのこやねのみこと》といった神々ができ、後にそれらは「氏神《うじがみ》」と呼ばれた。

大王は大王の首長霊信仰だけを強要しない。天神《あまつかみ》、国神《くにつかみ》といった神々の序列を定めようと試みるが、それは絶対的なものに成り得ない。出雲氏の構成員は、出雲大社を伊勢神宮より重んじ、諏訪《すわ》氏は諏訪大社を尊んで他社を顧みないといった状態が当然のこととされるのだ。

## 古代的信仰を集成した三輪山

三輪山の神は多くの顔をもつ。「大和」の国の化身である国魂《くにたま》、「天皇霊」の拠り所、農耕神、疫病よけの神、水の神、酒の神などだ。

三輪山の祭祀が長期にわたって行なわれ、さまざまな変遷を経たためにそうなった。最初はそこの神が巫女に神託を下し、次いで大王がそこの神の体現者となり、最後に大王自身は三輪山の祭祀に関わらなくなった。

三輪山の神の最も原初的な姿は、祖霊信仰の上にたつ土地の神、つまり国魂だったと考えられる。それは、太陽や水の恵みを授ける農耕神の性格を強くもつものだ。

古代人は、土地の神は蛇の姿で、雷を起こして自由に水を操ると考えていた。『日本書紀』には、雄略天皇に仕える少子部蜾蠃《ちいさこべのすがる》という勇者が三輪山の神を捕えたことが見える。神は大蛇の姿をしていた。雷を起こして睨みつけたので、大王は恐れて三輪山に送り返させたという。

『常陸国風土記《ひたちのくにふどき》』（奈良時代にまとめられた地誌）にも面白い話がある。箭括麻多智《やはずのまたち》という者が新田開発をしようとすると、夜刀神《やとのかみ》と呼ばれる蛇の姿をした土地の神の群《むれ》が出てきて邪魔をした。彼は刀をふるって蛇を斬ると田畑を設けたが、神のたたりを恐れ、祭司となって夜刀神を祭ったという。

巫女が祭ったのも、天皇霊として尊ばれたのも、国魂の段階の三輪山の神だ。

## 三輪山から分かれた太陽信仰

国魂《くにたま》は多様な性格を持ち過ぎていたために、後に三系統に分けられた。古代都市「大和」の三輪山の神が、大神神社、伊勢神宮、大倭《おおやまと》（大和）神社の祭神になったのだった。

三輪山で太陽神が祭られていたが、六世紀中葉に、王女が斎宮《いつきのみや》になって三輪山の近くの笠縫邑《かさぬいむら》で太陽神を祭る習俗が生まれた。その時、三輪山の太陽神は笠縫邑に移ったと考えられたが、三輪山でも太陽神祭祀が部分的に残された。それがやがて、前にあげた神坐日向《みわにいますひむか》神社になった。

三輪山から太陽神が分かれると、太陽神である天照大神が天皇霊とされるようになった。そのことが三輪山の神の地位を大きく低下させた。

笠縫邑で祭られた太陽神は、のちに伊勢神宮に鎮座することになる。

## 大物主神が三輪山に加わる

三輪山から太陽神が分かれてまもなく、そこの神は二つに分けられた。

『日本書紀』は、崇神天皇が王女の豊鍬入姫命《とよすきいりびめのみこと》に笠縫邑で太陽神を祭らせ、その妹の渟名城入姫命《ぬなきのいりびめのみこと》に国魂を鎮めさせたと伝える。さらに、渟名城入姫は髪が抜け痩せ衰えて倭大国魂《やまとのおおくにたま》を祭れなくなったとする。

そのため、翌年に夢のお告げにより、倭《やまと》氏の祖先の市磯長尾市《いちしのながおいち》を倭大国魂の祭司にした。それと同時に、大三輪《おおみわ》氏の始祖の大田田根子命《おおたたねこのみこと》が大物主神を祭るようになった、とある。

この話は、太陽神祭祀の中心が笠縫邑に移り、三輪山で主に国魂を祭るようになった後に、倭氏が斎《いつ》いた大倭神社と、大三輪氏が掌《つかさど》る大三輪（大神）神社とが分けられたことを物語る。倭大国魂と大物主神と大国主命（大国主神《おおくにぬしのかみ》）とは元来、同一のものである。それは、左にあげる『日本書紀』の記述から明らかだ。

「大国主神、亦《また》の名は大物主神（中略）亦は大国魂神と曰《もう》す」

『日本書紀』は、崇神朝に大神神社、伊勢神宮、大倭神社の原形が分かれたと記すが、実際にそれらが分離したのは六世紀だ。

元来、太陽神と国魂との間に上下関係はなかった。ところが、七世紀の国史を整える動きの中で、天神《あまつかみ》、国神《くにつかみ》の秩序ができた。すると、国魂は土地の神とされ、それを代表する出雲の大国主命に結びつけられていった。

『日本書紀』は、三輪山の神を大国主命の「幸魂《さきみたま》、奇魂《くしみたま》」とする形で三輪山の神と大国主命を結びつけている。大国主命は少彦名命《すくなひこなのみこと》と力をあわせて国作りをしたが、ある日、少彦名命は常世国《とこよのくに》に行ってしまった。大国主命が途方にくれていると、三輪山の神が海を照らして来て「吾は是汝の幸魂、奇魂なり」と告げるのだ。

幸魂は幸運をもたらし、奇魂は奇跡を授ける守り神だが、いずれも大国主命が異なる顕れ方をしたものだ。この話は、のちに大国主命と少彦名命の国作りの話に書き加えられたものと見られる。つまり、大国主命が三輪山と結び付くのは、大国主命の伝承ができてからかなり時間を経た後のことなのだ。

## 最後に疫神《えきじん》になった三輪山の国魂

『日本書紀』は、疫病を鎮めるために、和泉国陶邑《いずみのくにすえむら》から大田田根子《おおたたねこ》を迎えて大物主神を祭らせたとする。この話は、大三輪氏が大神神社に関与した時から、そこの疫病よけの機能が重視されるようになったことを示すものだ。そのため、奈良時代には、大神神社で疫病よけの呪術を行なう鎮花祭《はなしずめのまつり》が、神祇官《じんぎかん》がまつる重要な祭祀とされていた。

今でも製薬業者が薬神講を作り、鎮花祭の時に多くの薬品を大神神社に捧げる。また、その日には、普段の供え物の他に、薬草である忍冬《すいかずら》と百合根《ゆりね》が神前に置かれる。

六世紀中葉に大神神社は、太陽神祭祀の性格を捨てて国魂だけを祭るものとされた。ところが、典型的な首長霊信仰に基づく伊勢神宮の祭祀が整うにつれて、祖霊信仰による国魂の祭祀は廃《すた》れていった。そのため大神神社は疫病よけの性格を強め、大倭神社は朝廷から重んじられなくなる。

最後に、三輪山の祭祀を歴史的経過を追って整理しておこう。

三世紀後半に王族の女性が神の妻の資格で祭祀に当たっていた。

四世紀になると、大王自身が「天皇霊」をうける形で三輪山の祭祀を扱い始めた。ところが、五世紀に朝廷の本拠地が河内に移ると、倭氏が三輪山の祭祀の実務に当たった。この時点では大王は三輪山を重んじて、神に捧げる祭器を送ったりして倭氏を援助していた。

そして、五世紀末になると、祭器に用いられる須恵器の産地である陶邑を押さえた大三輪氏が、三輪山の祭祀に関わり始めた。

六世紀中葉には、太陽神の祭祀が三輪山の祭祀から分けられ、大王はもっぱら太陽神である天照大神を重んじるようになった。それからまもなく、大神神社から大倭神社が分かれた。このあと大神神社の神は疫病よけの神とされた。

これは、大三輪氏が倭氏に代わって、三輪山の祭祀権を握ったことを示す。これ以後、大三輪氏は急成長し、倭氏は史上から姿を消していった。しかし、それからまもなく疫神となった三輪山の神は天神より格下の国神とされ、朝廷から重んじられなくなっていった。

# 国作りの巨人、崇神天皇

## 九州平定の幻の実力者、崇神天皇

三世紀末の首長霊信仰の成立とともに、最も力のある神の加護をうける大王が日本全国を治めねばならないとする発想が生まれた。しかし、大和朝廷がすぐさま各地の首長を武力で征圧し始めたのではない。

北九州に対する出兵を例外として、朝廷はなるべく争いをさけて自然な形で豪族たちを支配下に組み込む道をとった。そのため、朝廷は奈良盆地の統一に約一〇〇年を要した。そこには、物部《もののべ》氏、春日《かすが》氏、葛城《かつらぎ》氏の三個の有力豪族がいた。朝廷は三世紀末に物部氏、四世紀初頭に春日氏と親密な同盟関係をもつようになり、四世紀中葉に彼らを従属させた。そして、四世紀末に葛城氏を押さえた。

三世紀末に箸墓古墳を営み、先代にあたる巫女的支配者を葬った男性の大王が、大和朝廷を大きく発展させた人物である。

三二〇年代に邪馬台国を併合して北九州を支配下に収めたのも彼である。大和朝廷は、そのことによって、全国政権への道を約束された。

『日本書紀』はその人物の名前を崇神《すじん》天皇とする。彼は叔母の倭迹々日百襲姫《やまとととひももそひめ》の没後、多くの有益な仕事をした。「弭調《ゆはずのみつき》」「手末調《たなすえのみつき》」という租税を定めたり、各地に大船を作らせたという。もっとも、『日本書紀』の崇神天皇の事跡の大部分は単なる伝説だとされている。

しかし、『日本書紀』が崇神天皇を「御肇国天皇《はつくにしらすすめらみこと》」と記すことには注意してよい。初代の神武天皇も「始馭天下天皇《はつくにしらすすめらみこと》」とされる。しかし、彼は「磐余彦《いわれびこ》」つまり飛鳥のそばの磐余の首長という人名をもち、「大和」には関わらない。しかも、その人物像は、朝廷の本拠地が飛鳥にあった六世紀的性格を強く有する。

つまり、六世紀初頭頃までの人びとは崇神天皇を最初の大王と見ていた。神武天皇は、そこに架上されたものだ。しかも、二人の間に、名前だけは語り継がれたが事跡が伝わらない八人の大王が置かれた。二代綏靖《すいぜい》天皇から九代開化《かいか》天皇までの八人がそれだ。

崇神天皇は、四世紀風の「御間城入彦《みまきいりびこ》」の実名をもつ。四世紀には、太陽の寵児の意味を有する彦（日子）の称号を名乗る首長が多い。五世紀に、彦の称号は別《わけ》や宿禰《すくね》にかわる。

古墳の発生は、その土地の豪族が首長霊信仰を受け入れて朝廷に従ったことを示す。いつの時代にも、大王は国内で最大規模の古墳に葬られている。そこで、大王のものより小さい古墳を作った一族は、自家の先祖の首長霊を大王のそれより下位のものとして位置づけたことになる。

四〇〇年前後にようやく、奈良盆地全域に古墳が広まる。

**大王に従って「大和」に来た倭氏**

大和朝廷に早くから従った豪族に、纏向を本拠とする倭氏とその北方の都祁《つげ》氏とがある。

神武東征の時、磐余彦の一行は海上で漁民の姿をした倭氏の祖先、椎根津彦《しいねつひこ》に会い、水先案内人をつとめさせたと伝えられる。

そのことから、倭氏はかつては瀬戸内海の航海民の首長で、大王家に従って「大和」に来たと考えられている。

『日本書紀』は、倭氏の祖先、長尾市《ながおいち》が倭大国魂《やまとのおおくにたま》を穴師邑《あなしのむら》の大市の長岡岬《ながおかのさき》で祭ったと記している。長岡岬は、檜原《ひばら》神社の西の丘陵の突出部をさす。古代には、丘陵の端も岬といわれたのだ。そこは、纒向の中の箸墓古墳の間際に当たる。

三輪山以外の地で国魂を祭らねばならなくなった時、倭氏は自家の本拠地を選んだのだろう。

長尾市は、相撲の起源伝説にも顔を見せる。垂仁天皇は、彼に、出雲《いずも》の野見宿禰《のみのすくね》を呼んで来させて当麻蹶速《たいまのけはや》と力競べをさせた。勝った宿禰は、大王に仕えるようになった。野見宿禰の子孫が古墳作りをうけもつ土師《はじ》氏になったという。長尾市が宿禰を呼ぶ話は、倭氏の勢力圏に出雲から「大和」への移住者の集団がいたことから作られた。

相撲の発祥地とされる相撲神社は、倭氏の本拠地のすぐそばにある。

出雲からの移住者には、土師氏ではなく出雲氏と名乗った者もいた。倭氏は倭《やまとの》屯田《みた》と呼ばれる大王の領地の管理を通じて出雲氏とも関わっていた。『日本書紀』の倭屯田を巡る紛争の伝承はそのことを示すものだ。額田大中彦《ぬかたのおおなかつひこ》皇子という者が、倭屯田の管理者の出雲氏の祖、淤宇宿禰《おうのすくね》に屯田を求めた。宿禰がそのことを訴えたので、仁徳《にんとく》天皇は倭吾子籠《やまとのあこご》を呼んで、それが大王のものであることを確認した。その後に、皇子の要求を退けたというのだ。

## 近畿地方の主な古墳

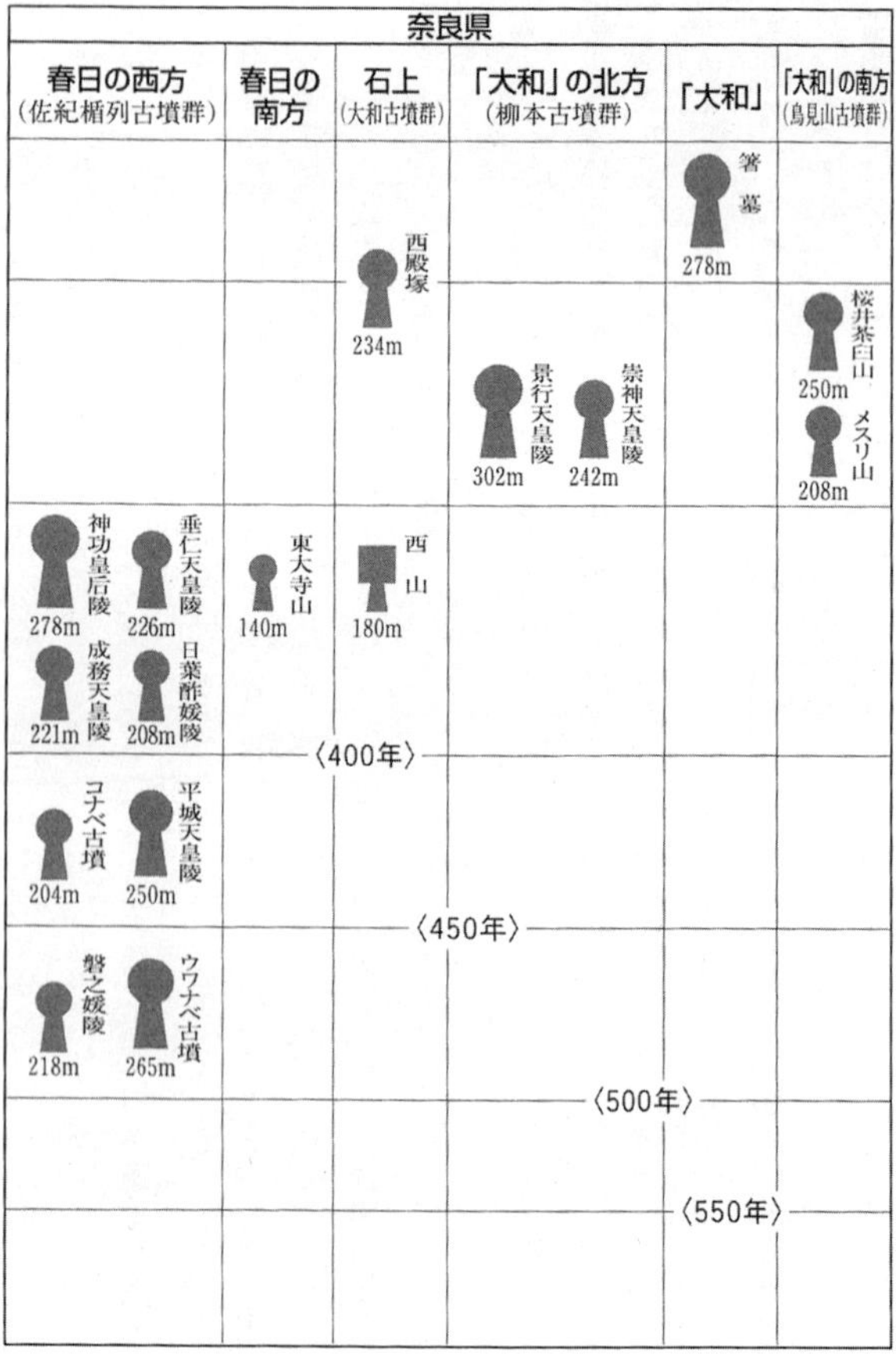
奈良県
春日の西方（佐紀楯列古墳群）
春日の南方
石上（大和古墳群）
「大和」の北方（柳本古墳群）
「大和」
「大和」の南方（鳥見山古墳群）
箸墓 278m
西殿塚 234m
桜井茶臼山 250m
景行天皇陵 302m
崇神天皇陵 242m
メスリ山 208m
神功皇后陵 278m
垂仁天皇陵 226m
東大寺山 140m
西山 180m
成務天皇陵 221m
日葉酢媛陵 208m
〈400年〉
コナベ古墳 204m
平城天皇陵 250m
〈450年〉
磐之媛陵 218m
ウワナベ古墳 265m
〈500年〉
〈550年〉

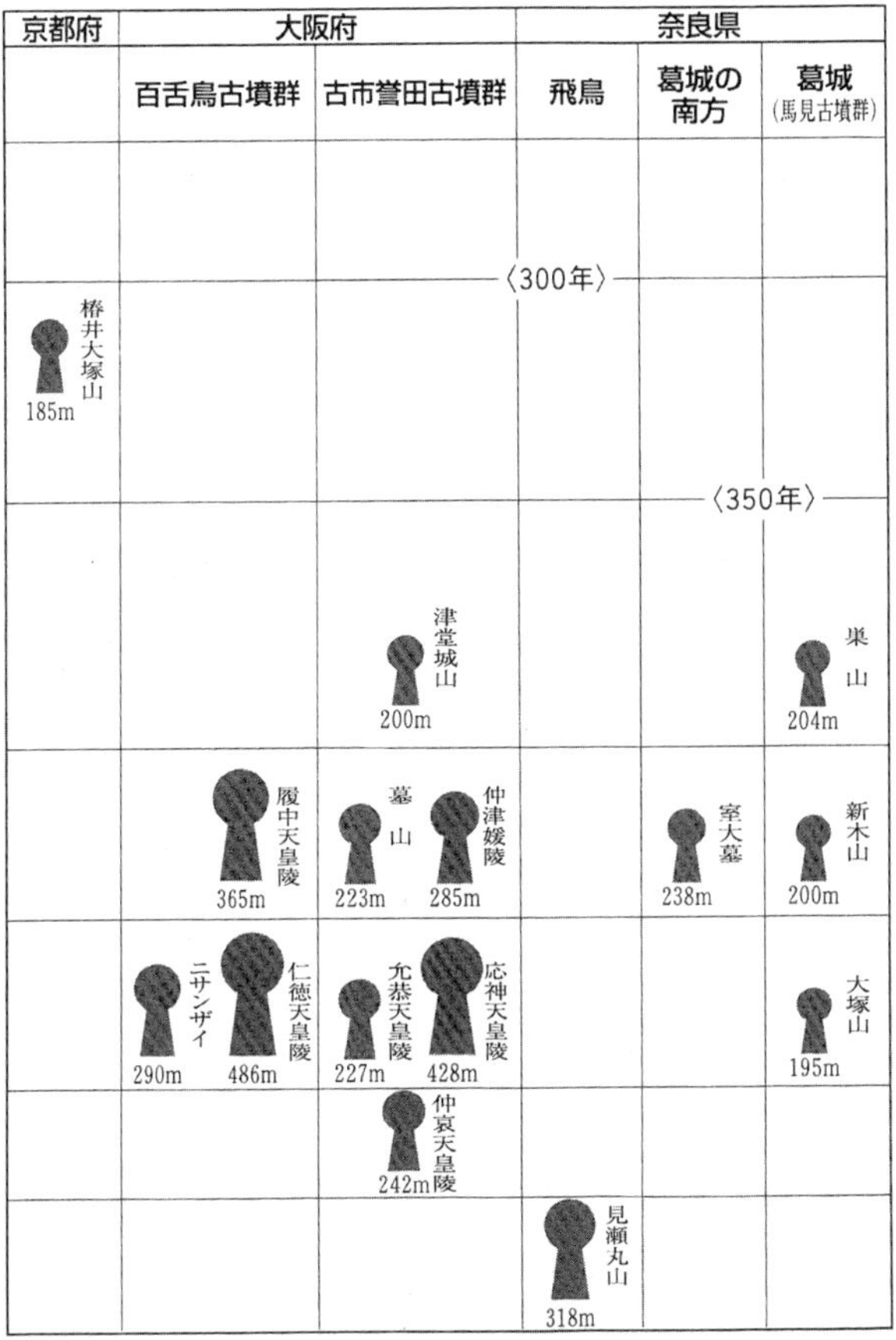
京都府
大阪府
奈良県
百舌鳥古墳群
古市誉田古墳群
飛鳥
葛城の南方
葛城
(馬見古墳群)
〈300年〉
椿井大塚山
185m
〈350年〉
津堂城山
200m
巣山
204m
履中天皇陵
365m
墓山
223m
仲津媛陵
285m
室大墓
238m
新木山
200m
ニサンザイ
290m
仁徳天皇陵
486m
允恭天皇陵
227m
応神天皇陵
428m
大塚山
195m
仲哀天皇陵
242m
見瀬丸山
318m

倭屯田は、のちに拡大されて倭屯倉《やまとのみやけ》になっている。平成二年（一九九〇）には、奈良県田原本町保津《ほづ》・宮古《みやこ》遺跡で一〇棟の建物・倉庫群が発見されて、そこが倭屯倉の跡だとされた。その建物群が七世紀初頭のものであることから、屯田から屯倉への発展がその時期だとわかる。

倭屯倉は王家に直接管理された。ゆえに、倭屯倉の成立が倭氏の勢力の後退につながったと考えられる。

## 大和朝廷の功臣、都祁氏の没落

六世紀初頭に、地方の有力豪族には、国造《くにのみやつこ》の名称が与えられた。「臣連伴造《おみむらじとものみやつこ》国造」という表現が、七世紀にしばしば見え、聖徳太子の十七条憲法は、「国司《くにのみこともち》国造、百姓に斂《おさめと》らざれ」と記す。

このことは、国造が朝廷の地方支配に欠かせないものであったことを物語る。

大化改新の時に、国造領を再編して評《こおり》を設けた。そして、それまで重大事の際に臨時に地方に派遣されていた国司を、地方に常駐するものに改め、数個の評の上に国を置いた。八世紀に、評は郡に改められ、国郡制は江戸時代まで受け継がれた。

国造は、一国もしくは数郡に相当する領域を治めるものだった。小規模な国造でも一郡程度の範囲は押さえていた。そこで、国造の子孫の多くは各地の郡司《こおりのつかさ》になった。

ところが、纏向近辺の狭い地域の領主にすぎない倭氏は、倭国造になっている。さらにその北方の小領主も、都祁国造《つげのくにのみやつこ》とされた。

都祁氏は、前にあげた山口神社附近を本拠地にしている（四五頁）。『日本書紀』は、都祁氏が忍坂大中姫《おしさかのおおなかつひめ》に無礼をはたらいたために、国造から稲置《いなき》（国造より格下の地方豪族。大化改新後は里長《さとおさ》等になった）に落とされた次の話を伝える。大中姫は、允恭《いんぎょう》天皇の嫡妻（後世風にいえば皇后）だ。

大中姫が畑仕事をしていると、都祁国造が馬に乗って通りかかりノビル（ニンニクに似た野菜）を一株求めた。姫が国造にそれを渡して何に使うか尋ねたところ、国造は、

「山に行かむ時に、蠛《まぐなき》（ヌカガと呼ばれる毒虫）はらはむ」

と答えた。姫は自分が作った野菜を粗末に扱う無礼な態度が忘れられなかった。そこで大王に召されると、すぐさま都祁国造を呼び付けて、その地位を稲置に下げた。

都祁氏は、小豪族だから最初から稲置だったとする考えもある。しかし、「大和」

以来の旧家、倭氏と都祁氏が、六世紀初頭に国造の職が設けられた時に特別扱いされてもおかしくない。

山口神社は、古代には朝廷から神戸《かんべ》（領地）を与えられ、しばしば祈雨《きう》等の祈願を受けた重要な神社だった。山口神社には、今でも巨大な神石がある。それは、三輪山の奥津磐座《おきついわくら》、中津《なかつ》磐座、辺津《へつ》磐座で行なわれた祭祀と共通する巨岩崇拝の跡だ。

都祁氏は大和朝廷成立の直後に、朝廷に従って巨岩崇拝を受け容れたのだろう。そのため、都祁氏は倭氏と同列に扱われて、いったんは国造になった。しかし、六世紀末に国造制の整備が進むと、都祁氏は国造にしては弱小にすぎると、稲置に落とされた。そうなった後で、都祁氏がかつて自家が国造であったことを伝えるために大中姫とノビルの話を作ったのだろう。

## 崇神天皇の母は物部氏

都祁氏の本拠は、物部氏が押さえる石上のすぐ南に位置する。つまり、物部氏が大和朝廷から独立していた段階には、都祁氏は「大和」の北側の境を守る役目を果たしていたことになる。

物部氏は、大和朝廷の全国統一を大いに助けた。後で述べるように、物部氏の勢力は大和川流域に広まっていた。それは、物部氏が奈良盆地統一の原動力になったことを物語るものだ。また、出雲や東海地方の征服にまつわる記録にも、しばしば物部氏が登場する。

崇神天皇の母は、物部氏の祖先の大綜麻杵《おおへそき》の娘、伊香色謎命《いかがしこめのみこと》とされる。そのことは、物部氏が草創期から大和朝廷と関わっていたことをうかがわせる。

近年、柳本の北方で石上の南方にある古墳の調査が進んでいる。JRでいえば、天理と柳本との間の長柄《ながら》駅のあたりである。

そこの古墳の中で最も有力なものが全長二三四メートルの西殿塚《にしとのづか》（衾田陵《ふすまだりょう》）古墳である。そこから吉備特有の祭器である特殊器台が見つかったことによって、その古墳は紀元三〇〇年前後のものだと考えられるようになった。

平成八年（一九九六）には、天理市下池山《しもいけやま》古墳が発掘され、大型の銅鏡と贅沢な絹織物が見つかった。その古墳は全長一二〇メートルの前方後方墳で、西殿塚古墳より少し後の三一〇年前後に築かれたものだと思われる。

全長一三二メートルの前方後円墳、天理市中山大塚《なかやまおおつか》古墳も、下池山古墳とほぼ同時期のものと見られる。そこからは、特殊器台と特殊壺が出土した。

それより少し後の古墳に、天理市東殿塚《ひがしとのづか》古墳がある。それは、全長一八五メートルの前方後円墳で、平成九年（一九九七）の調査でそこから最古の埴輪《はにわ》である朝《あさ》顔型《がおがた》埴輪とヒレ付き埴輪が出土した。特殊器台や特殊壺を簡略化して作られたのが朝顔形埴輪で、それがさらに単純化して円筒埴輪になる。

ヒレ付き埴輪は、埴輪の成立期に一時的に作られたものだ。東殿塚古墳の年代が三二〇年頃であろう。

これまで、それらは物部氏が残したものであるとする意見が強かったが、近年の発掘成果の中でその古墳群も王族の墓であるとする見かたも出されている。

しかし、ここの古墳は箸墓古墳や柳本古墳群の有力な古墳より小型である。物部氏がそれを残したとすれば、彼らが自分の本拠では古墳に鎮まる神としてまつられていても、大王を自分たちより上位に置いていたことになる。

### 物部氏の鎮魂の伝統

古代の物部氏は、三輪山の祭祀にまつわる鎮魂の呪術を受け持っていた。

物部氏の伝承を集めた『先代旧事本紀《せんだいくじほんぎ》』は、鎮魂の起源について、次のように説く。

天神御祖《あまつかみのみおや》が、物部氏の祖先である饒速日命《にぎはやひのみこと》に「天璽瑞宝十種《あまつしるしのみづだからとくさ》」を授けた。それは、瀛津鏡《おきつかがみ》、辺津鏡《へつかがみ》、八握剣《やつかのつるぎ》、生玉《いくたま》、死返玉《しにかえしのたま》、足玉《たるたま》、道返玉《ちかえしのたま》、蛇比礼《へみのひれ》、蜂比礼《はちのひれ》、品物比礼《くさぐさのひれ》から成る。

「一二三四五六七八九十《ひとふたみよいつむななやここのたりや》」（十を「たりや」とよむ）と唱えてそれを振れば、死人も生き返るという。饒速日命の子の宇麻志麻治命《うましまちのみこと》は、それを神武天皇に献じ、大王の鎮魂を行なってその長寿を願った。

十種神宝は、布留御魂《ふるのみたま》と呼ばれた。それは、神武東征の時に宇麻志麻治命の兄の高倉下《たかくらじ》が献上した霊剣、布都御魂《ふつのみたま》とともに宮中に納められた。そして、崇神天皇の時に、天璽瑞宝と霊剣とを石上《いそのかみ》に移して石上大神と名付けたという。

また、『日本書紀』は、崇神天皇が大田田根子に三輪山の祭祀を始めさせた際、物部氏を「神物班者《かみのものわかつひと》（供え物の管理者）」にして「物部の八十平瓮《やそひらか》（多くの皿）」を差し出させたという。これらの話から、四世紀初頭（『日本書紀』では崇神朝）に物部氏が鎮魂の呪術に当たり、三輪山の祭祀の一部に関与し始めたことがわかる。

物部氏は、大和朝廷の発生期から三輪山の祭祀の主要部分を受け持っていたことに対して誇りをもっていた。ゆえに、六世紀に仏教受容に猛反対し、自家の立場を表明するため、三輪山麓の海石榴市で尼を鞭打ったのだ。

## 石上の剣の威力

『日本書紀』は、石上神宮に剣が納められたいきさつを次のように記す。

垂仁天皇の時、王子の五十瓊敷命《いにしきのみこと》が川上宮《かわかみのみや》で一千口の剣を作って石上神宮に納めた。まもなく彼は、石上神宮の神宝を管理するようになった。命が年老いたので、妹の大中姫《おおなかつひめ》に神宝を委ねようとした。ところが姫は、自分は手弱女《たおやめ》であるからと言って、物部氏に石上の神宝を扱わせた。

物部氏の神宝管理の起源説話は、倭氏が大倭神社の祭祀に関わるいきさつを説明した話に類似する。物部氏も倭氏も、王族の女性から祭祀を受け継いだというのだ。こうした伝承は、首長霊信仰成立の時に、男性の首長が巫女に替わって祭祀をつかさどるようになったことを反映するものだ。

石上神宮の神庫《ほくら》には、武器を中心とする大量の神宝があった。物部氏は、そこの武器を用いて各地に遠征した。前にあげた履中《りちゅう》天皇は、石上神宮の武器庫の武器を使って、住吉仲皇子《すみのえのなかつみこ》を討つ軍勢を編成しようと試みたという。

都が京に移った延暦二三年（八〇四）、一五万七千余人の人を用いて膨大な神宝を石上から山城国《やましろ》葛野《かどの》郡に移した。そのことから、石上の神宝の量の多さや、それが平安初期にあっても有用であったことがわかる。

その時に、倉が倒れたり桓武《かんむ》天皇が病気になったりといった変事が続いた。そこで、あわてて神宝を石上に戻したという。

**フルノミタマからフツノミタマへ**

何度も述べたように、神武東征伝説は六世紀中葉に創作されたものだ。だから、石上神宮の宝剣を高倉下が献上した布都御魂に結びつける話の成立は新しい。また、石上神宮は布留御魂《ふるのみたま》、布都御魂《ふつのみたま》の他に布都斯御魂《ふつしみたま》という霊剣を祭る。ところが布都斯御魂が『先代旧事本紀』に見えないことから、それが後から加えられたことがわかる。

石上神宮のある布留《ふる》の地名は、布留御魂に基づくものだ。しかも、『日本書紀』は一千口の剣（布都御魂）は、石上神宮が作られた崇神朝の次の垂仁朝に神宮に納められたという。

そういったことから、石上神宮はもともと鎮魂の呪宝である布留御魂だけを祭っていたと思われる。のちに神宮に多くの武器を納めるようになったため、剣神が石上神宮の祭神に加えられたのだろう。布都御魂（剣神）の祭祀の開始は、物部氏にとって画期的出来事だった。しかも、それは王族の仕事を受け継ぐものである。すると、石上神宮の剣と古墳の出現とをつなげて考えられはしないか。

つまり三〇〇年頃に鎮魂の呪術を受け持つようになっていた物部氏は、三五〇年前後に積極的に朝廷の軍事行為に加わり始めた。そのため、石上神宮に武器が納められ、剣神があわせ祭られるようになったのだ。

## 大王と親密な春日氏

春日氏が四世紀後半から五世紀に築いた佐紀楯列《さきたてなみ》古墳群には、大王家が残した柳本古墳群や古市《ふるいち》、百舌鳥《もず》古墳群に次ぐ規模の古墳が設けられている。全長二七八メートルの神功《じんぐう》皇后陵古墳や全長二六五メートルのウワナベ古墳は、佐紀楯列古墳群を代表する大古墳である。これらは、全長四八六メートルの仁徳天皇陵古墳には及ばないが、全長二七八メートルの箸墓古墳とほぼ同規模である。

葛城氏が残した馬見《うまみ》古墳群は、佐紀楯列古墳群よりかなり見劣りする。そういった事実は、四世紀後半から五世紀にかけて、春日氏が大王の一族に準じる勢力をもっていたことを示す。

ところが、春日氏と大王との争いの記録は全くない。また、春日氏とその同族は多くの大王の后を出している。『日本書紀』によれば、春日氏とその同族出身の后妃は一二人いる。

つまり春日氏は、実力はあるが大王と親密な関係を保って朝廷の政争に加わるのを避ける方針をとった豪族だったのだ。

春日氏の本拠地に大神神社の摂社の率川神社がある。三輪から離れた土地に大神神社の摂社が置かれたことや、朝廷が率川神社にまつわる三枝祭を重んじたことは、三輪と春日とのつながりの重要性を示す。春日氏はいち早く、三輪山の祭祀を受け容れることで親朝廷の立場を表明したのだ。

また、一千口の剣が石上神宮に納められた時に、春日一族の市河《いちかわ》という者が神宝を管掌するようになったとも伝えられる。市河の子孫は、物部首《もののべのおびと》という豪族になり、後に布留宿禰《ふるのすくね》と改姓した。そして石上神宮の祭祀に関与し続けた。春日氏が三輪山の祭祀を採り入れるのが四世紀初頭で、春日氏の一族も石上神宮の剣の管理に携わるようになったのが四世紀中葉であろう。

こういった事実から、三輪、石上、春日を結ぶ線が浮かんでくる。

## 奈良山の道から王位を狙った武埴安彦

『日本書紀』の崇神朝の記事には、大和朝廷の草創期にまつわる伝承がいくつか含まれている。武埴安彦《たけはにやすびこ》の謀反の話もその一つだ。

倭迹々日百襲姫《やまとととひももそひめ》は、童女の和歌によって天皇の大叔父の武埴安彦が大王位を狙っていることを察した。この時、安彦は天香具山の土をとって祭りを行ない、自分が大和の支配者になることを願った。そのあとで、自らは山背《やましろ》（山城）から進撃し、自分の妻を大坂（大和と河内の境にある）に向かわせた。二方向から「大和」を攻めようと企てたのだ。

ところが、春日氏の祖先の彦国葺《ひこくにぶく》が、先手を打って奈良山を越えて武埴安彦を射殺し、その野望を砕いてしまった。この話は、春日氏が四世紀初頭に、大和朝廷と同盟関係を確立した上で、山城方面に進出してそこの豪族をその指導下に収めた事実を反映するものだろう。

次章で述べるように、大和朝廷と春日氏と山城国の南端の椿井《つばい》（今の京都府木津町）の首長とが結んで、北九州を征圧している。春日氏が奈良山を押さえたことによって、初めてそれが可能になったのだ。

春日氏は、三五〇年前後に大型古墳を作り始めた。そして、三五〇年頃から大和、河内の各地に古墳が急激に広まっている。一〇〇メートル以下の中小型の古墳の増加が、特に目立つ。それまでの竪穴式石室の代わりに粘土槨《ねんどかく》（木棺を粘土で囲った埋葬施設）等の簡単な内部構造を用いた古墳も見られるようになる。

そのことは、春日氏の服属とともに奈良盆地統一が急速に進展し、多くの中小豪族が朝廷に従ったことを示している。

## 奈良盆地統一の布石、倭六県

奈良盆地統一の戦争に関わる歌物語や伝承は、『日本書紀』等にほとんど見えない。そのことは、大和朝廷が奈良盆地の大部分の首長を、平和な形でその支配下に収めたことを物語る。

朝廷が当初からずば抜けた勢力と高度の文化をもっていたために、それが可能だった。奈良盆地の中小豪族は、朝廷と交易を行ないそこの文化を取り入れていくうちに、次第に朝廷の指導をより強く受けるようになっていったのだ。

「倭六県《やまとのむつのあがた》」は、四世紀前半にいち早く朝廷に従っていた地域だ。それは、高市《たけち》、葛城《かつらぎ》、十市《とおち》、志貴《しき》、山辺《やまべ》、曾布《そふ》にあり、そこを治める県主《あがたぬし》は、七世紀まで大王と特別に親密な関係にあった。

倭六県の県主は、七世紀まで大王が用いる野菜等の貢納を続けていた。また、大化改新の時には、新政策を告げる使者が、特別に倭六県に送られている。

倭六県は、いずれも交通の要地にあった（次頁）。

山辺県は、奈良県天理市山辺御《やまべのみ》県坐《あがたにます》神社のあたりにあった。それは、石上の西南方の布留《ふる》川沿いに位置し、そこを固められてしまうと、物部氏は布留川から大和川に入る水路を使えなくなる。

十市県は寺川を、志貴県は初瀬川を押さえていた。十市県の跡の奈良県橿原市十《とお》市《ち》御《み》県坐《あがたにます》神社も、志貴県におかれた奈良県桜井市志貴御《しきのみ》県坐《あがたにます》神社も残っている。

橿原市高市御県《たけちみあがた》神社は飛鳥川沿いで飛鳥の西北部にあり、奈良県葛城《かつらぎ》市葛城御《み》県《あがた》神社は高田川沿いに位置する。奈良市添御《そうのみ》県坐《あがたにます》神社（曾布県に関わるもの）は佐保川の奥に鎮座する。その他に、かつては春日氏の本拠地に近い添上《そうのかみ》郡春日郷に春日県《かすがのあがた》があった。

山辺県は石上氏の動きを押さえ、春日、曾布の両県が春日氏を牽制する。葛城県で葛城氏を見張り、十市、高市の二個の県を用いて奈良盆地南部に睨みをきかせ

## 倭六県と広瀬の河曲

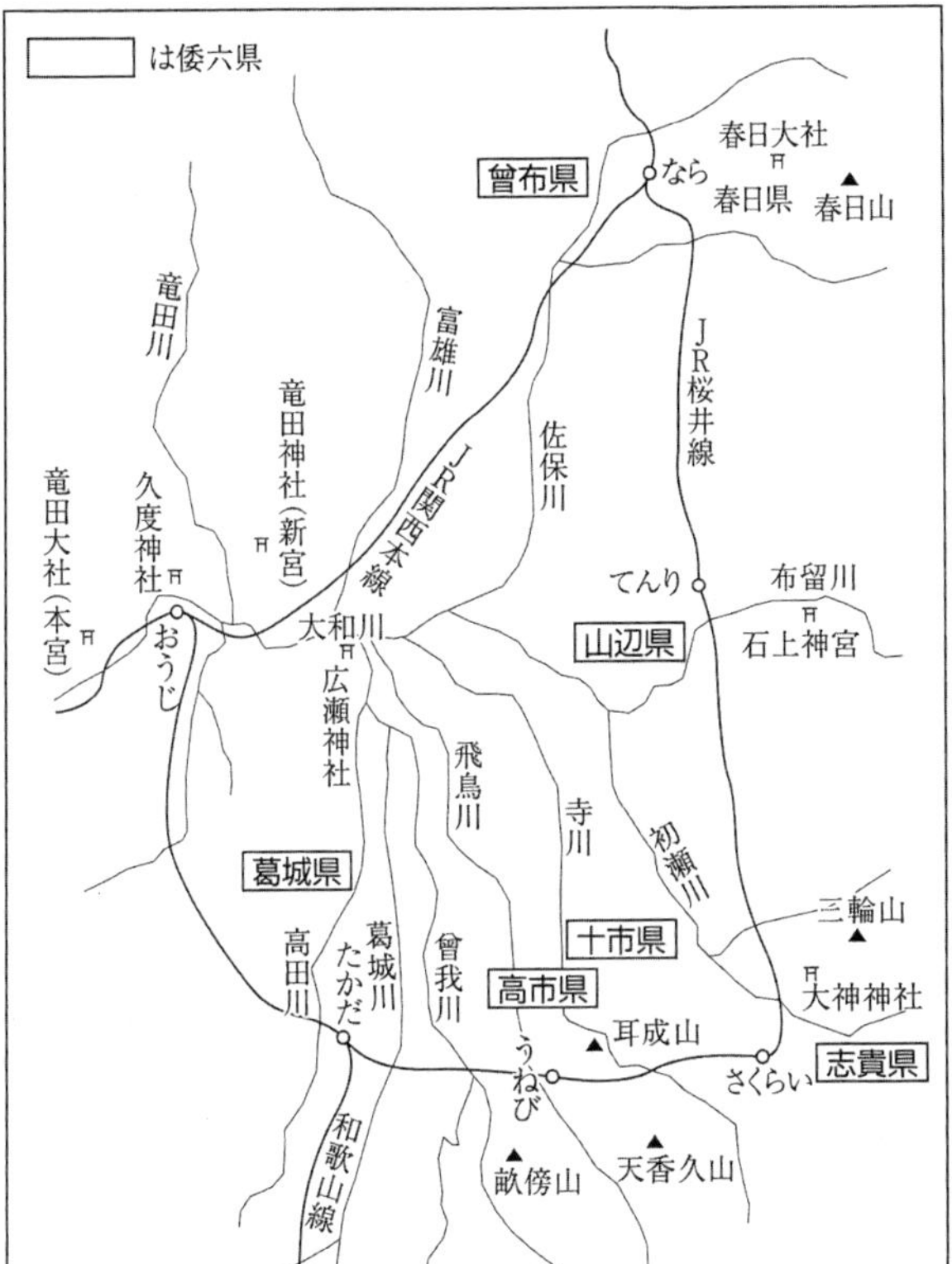
は倭六県
春日大社
曾布県
なら
春日県
春日山
竜田川
富雄川
JR桜井線
竜田神社（新宮）
JR関西本線
佐保川
竜田大社（本宮）
久度神社
てんり
布留川
大和川
山辺県
石上神宮
おうじ
広瀬神社
飛鳥川
寺川
初瀬川
葛城県
三輪山
十市県
高田川
たかだ
葛城川
曾我川
高市県
大神神社
耳成山
うねび
さくらい
志貴県
和歌山線
畝傍山
天香久山
葛城山

る。さらに志貴県に「大和」の南方の守りを委《ゆだ》ね、伊勢方面進出の前進基地にもする。

このようにして、大和朝廷は中流豪族を用いて奈良盆地統一の布石を敷いていたのだ。春日県は、あまりにも春日氏の本拠に近かった。そこで、春日氏が朝廷に属した三五〇年以降、春日県主は、朝廷の直接支配を離れて春日氏に従わされた。

## 広瀬の河曲を押さえる物部氏

大和川を形成する河川の合流点は、「広瀬《ひろせ》の河曲《かわわ》」と呼ばれていた。そこには、広瀬神社があった。その西方に竜田《たつた》大社が鎮座する。それは「久度《くど》」と呼ばれる大和川の中の島のそばにあり、「久度」は交易の物資の集積地だった。

広瀬も竜田（久度）も、大和川の水上交通路の最要地だ。大和の大部分の神社の祭祀は、各社の神官によって主催されたが、広瀬の大忌祭《おおいみ》、竜田の風神祭《かざかみ》、大神《おおみわ》の鎮花祭《はなしずめのまつり》、それに大神、率川《いさかわ》両社の三枝祭《さいぐさのまつり》だけは、朝廷の神祇官の手で行なわれた。そのことから、広瀬と竜田の交通路上の神が重んじられていたありさまがわかる。

竜田の風神祭の祝詞《のりと》に、崇神天皇が初めて竜田大社を祭ったことが見える。その

## 奈良盆地の豪族分布図

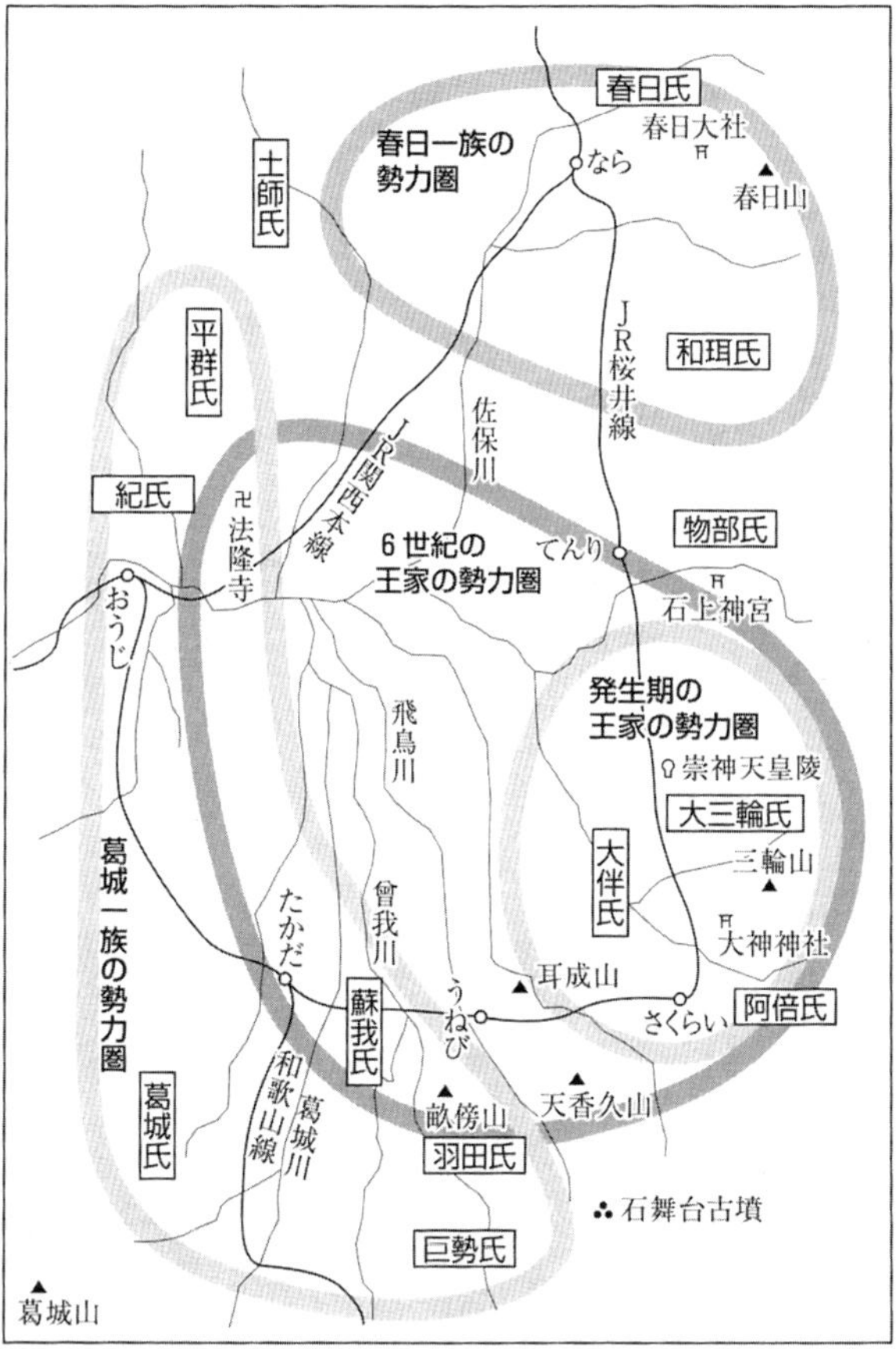
春日氏
春日大社
春日一族の勢力圏
なら
春日山
土師氏
平群氏
JR桜井線
和珥氏
佐保川
JR関西本線
紀氏
法隆寺
6世紀の王家の勢力圏
てんり
物部氏
石上神宮
おうじ
発生期の王家の勢力圏
飛鳥川
崇神天皇陵
大三輪氏
大伴氏
三輪山
葛城一族の勢力圏
たかだ
曽我川
大神神社
耳成山
うねび
さくらい
阿倍氏
蘇我氏
和歌山線
葛城川
葛城氏
畝傍山
天香久山
羽田氏
石舞台古墳
巨勢氏
葛城山

伝承は、草創期の大和朝廷が広瀬の河曲と久度に進出して、広瀬、竜田両社の祭祀を把握したことに基づいて作られたものであろう。

広瀬の河曲と久度との間に、物部氏の同族が多く分布していた。新家《にいのみ》氏、阿刀《あと》氏、坂戸《さかと》氏、坂戸物部《さかともののべ》氏は、この地域に土着した小豪族だ。このことから四世紀に大和朝廷と物部氏とが連合して、大和川の水上交通路上の最要地を把握したありさまがわかる。

## 大和朝廷最後の大敵、葛城氏

五、六世紀の朝廷で活躍した葛城《かつらぎ》、蘇我《そが》、平群《へぐり》、巨勢《こせ》等の諸豪族は、いずれも武内宿禰《たけしうちのすくね》の子孫と名乗っていた。彼らの勢力圏は奈良盆地西南部を中心に広がっており（前頁）、当初は葛城氏がそれらを統轄する立場にあった。

葛城氏の本拠地の馬見《うまみ》古墳群に大型古墳が出現するのは、四〇〇年前後だ。その時期には葛城襲津彦《そつひこ》が大王の有力な臣下として活躍する。そのことから、葛城氏は四世紀のごく末に、ようやく大和朝廷に従ったと考えられる。

大和朝廷は、物部氏、春日氏と結んでから、まず積極的に大和川沿いの交通の要地を押さえた。そして、三五〇年頃に物部、春日両氏を支配下に収め、その勢いで

## 近畿地方中央部の交通路

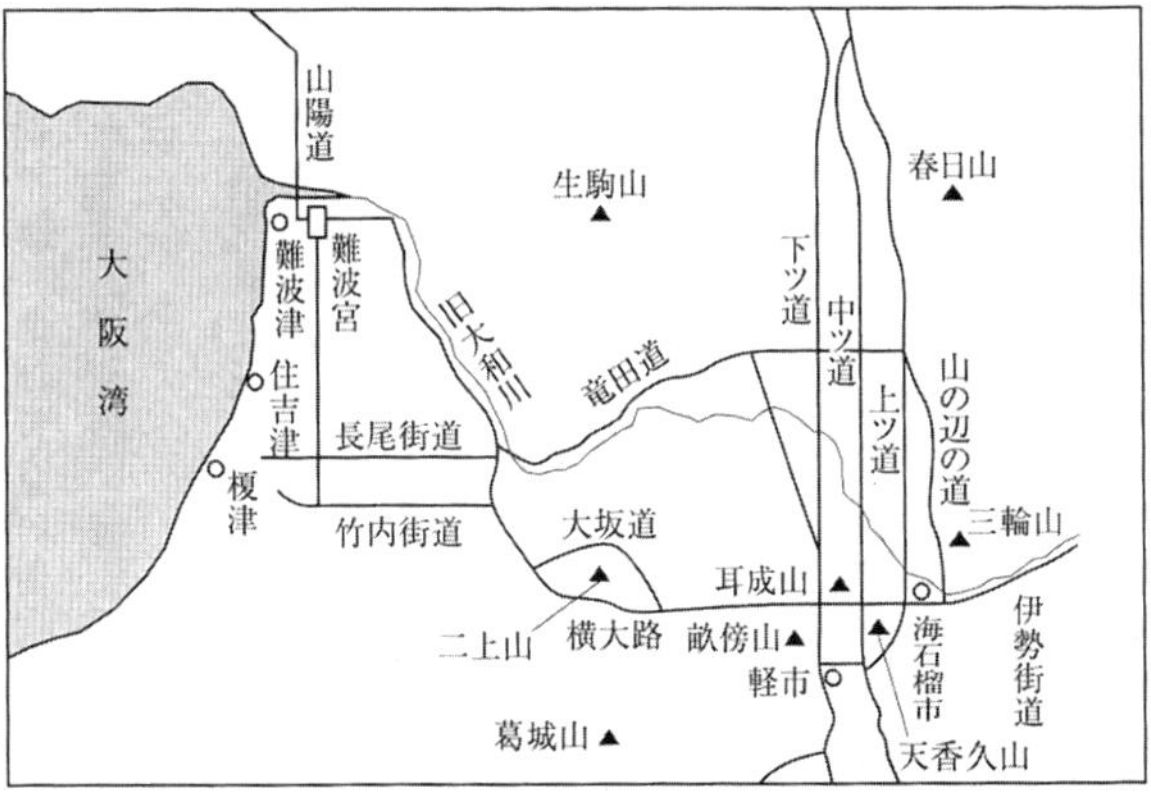


奈良盆地の多くの中小豪族を従えていった。最後まで独立を保っていた葛城氏も、四〇〇年あたりに朝廷に従い、奈良盆地統一は完成した。

その頃には、河内の豪族たちも朝廷に従っていた。そして、五世紀になると、朝廷は対外政策に便利な河内に、その本拠地を移した。

四世紀には、「大和」と春日とをつなぐ山の辺の道が最も重要な交通路だった。ところが、朝廷が河内に移ると、春日と河内とを行き来するのに竜田道《たつたみち》が用いられ、「大和」から河内へは横大路《よこおおじ》とそれの支道の大坂道《おおさかみち》が使われるようになった。そのため、山の辺の道の北部は衰退していった。

『日本書紀』は、崇神天皇が神託によって墨坂神《すみさかのかみ》と大坂神《おおさかのかみ》とを祭った話を記す。大和朝廷が大坂道で河内に進出する折りに、大坂神の祭祀がしきりに行なわれたのだ。

墨坂は、奈良県宇陀《うだ》市墨坂神社附近で、そこは伊勢街道の峠であり、朝廷の東国進出の玄関口に当たる。

# 第二章
# 戦乱時代の勝者

# 銅鐸を割る時

## **地方支配をおし進めた崇神天皇**

大和朝廷は、四世紀から七世紀に至る約四〇〇年間をかけて、北海道、東北地方と九州南端を除く日本列島の大部分の統一に成功した。

後世の人が崇神天皇と呼ぶ大王は、地方支配にも大きな足跡を残した。三二〇年代の青銅器の分布に大きな変化がある。それは、大和朝廷の全国政権化を物語っている。

その時期に、青銅器の分布の中心が、北九州から近畿地方に移っているのだ。そのため、銅剣・銅矛文化圏と銅鐸文化圏との対立が解消され、銅鏡と刀剣類から成る新たな宝器が「大和」を軸に広まっていく。同一の鋳型で作られた銅鏡（同笵鏡《どうはんきょう》）が、近畿地方を中心に北九州から関東に至る各地の四、五世紀の古墳に分布することは、そのことを最もよく示す。

大和朝廷が、銅剣・銅矛文化圏と銅鐸文化圏とを合わせた範囲に対する指導力を確立したのである。

四世紀末になると、朝廷の朝鮮半島への進出によって、古墳の副葬品が急に豊かになる。

中国勢力の後退が、大和朝廷の朝鮮進出の好機を作ったのだ。朝鮮半島統治のために設けられた楽浪郡《らくろうぐん》と帯方郡《たいほうぐん》は三一三年に滅び、高句麗《こうくり》がその土地を併合して半島北部を押さえた。それからまもなく、その南方に、新羅《しらぎ》、百済《くだら》の両国が建ち、日本の対岸の加耶《かや》地方（任那《みまな》）の多くの小国も力をつけてきた。そのため、朝鮮諸国間の激しい争いが生じた。

**朝廷の勢力圏の広まり**

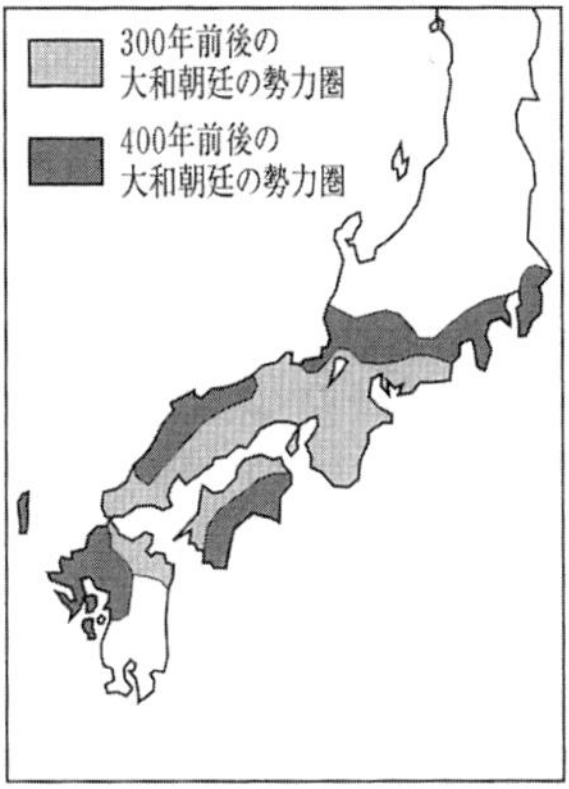


石上神宮所蔵七支刀《しちしとう》には、三六九年の日本と百済との交流を物語る銘文がある。また、『広開土王《こうかいどおう》碑文』は、三九一年に日本の軍勢が朝鮮半島に渡って高句麗の好太王《こうたいおう》と戦ったと記す。なお、当時の

文献は日本のことを「倭国」と記すが、混乱を避けるために、本書では原文中の語を除いて「日本」に統一する。

大和朝廷は朝鮮半島の混乱に乗じて、加耶に勢力を伸ばした。そのおかげで、朝廷は五世紀になると朝鮮半島の先進文化を大量に取り込むようになった。

奈良市ウワナベ古墳の陪塚《ばいちょう》（大型古墳に付属して近くに築かれた小型の塚）から、一二八キログラムの鉄鋌《ねりがね》（鉄素材）が出土している。それは、朝鮮半島産のものだ。大阪府堺市黒姫山《くろひめやま》古墳には四八領の甲冑が納められていた。こういった事実を並べていくと、いかに多くの富が朝鮮から奪われたかがわかる。

**河内の開発が巨大古墳を生んだ**

奈良盆地の統一と国内要所の平定を完成したおかげで、朝廷は朝鮮半島に進出する余力をもてた。

四世紀末の朝廷は、西は北九州、東は房総半島、越前《えちぜん》、美濃《みの》にいたる範囲を押さえていた。

五世紀初頭に、朝廷は朝鮮経営に便利な河内に本拠地を移した。それは、大阪平野の大規模な開発によって可能になったとされる。朝鮮半島産の鉄が、そのような

応神天皇陵　（写真：寿福 滋）

開拓を促進した。この時期の地方豪族で、朝廷から鉄を分与されるために前方後円墳を作り始めて大王の配下に入った者も多かったと思われる。

そうなると、大和朝廷は加速度的に経済力をつけていく。大阪府堺市仁徳《にんとく》天皇陵と大阪府羽曳野《はびきの》市応神《おうじん》天皇陵は、この時期の朝廷の勢力を示す記念碑と評価できる。全長四八六メートルの仁徳陵古墳を作るために必要な土砂の量は、一四〇万立方メートルにも及ぶ。人力だけでそれを築くためには、延べ約五四〇万人の労力が必要だ。驚くべき数字だ。

全長四二八メートルの応神天皇陵古墳を作るにも、延べ約三五〇万人の人手が要る。ところが、全長二七八メートルの箸墓古墳なら、延べ約一四〇万人の労働で済む。この違いから、全長四〇〇メートルを越える古墳の登場がいかに画期的なものだったかがうかがえよう。

### 姓《かばね》の秩序を作った雄略天皇

この時期の王族は、別《わけ》や宿禰《すくね》の称号を用いていた。たとえば、応神天皇の実名は誉田別《ほむたわけ》で、その息子で仁徳天皇の恋敵になって天皇に殺されたのが隼総別《はやぶさわけ》だ。允恭《いんぎょう》天皇の実名は、稚子宿禰《わくごのすくね》という。さらに、朝廷は、五世紀初頭から支配下の有力豪族を選んで、別、宿禰の称号を授けるようになった。『日本書紀』を見ると、水《み》沼豊戸別《ぬまのとよとわけ》、葛城玉田宿禰《かつらぎのたまたのすくね》といった名をもつ当時の豪族がきわめて多く拾える。別や宿禰を名乗ることを許された首長は、王族と同列に並ぶことになる。それは、中国皇帝が異民族の君主に王号を与えたのと同じ発想に基づくものだ。

朝鮮半島を押さえたおかげで、五世紀に大王の権威が大幅に伸長した。履中《りちゅう》天皇から雄略天皇までの大王（「倭の五王」）は、江南の諸王朝とも国交を行ない王号や将軍号を与えられた。

五世紀後半には、朝鮮半島から多くの渡来人《とらいじん》が日本列島に来て、絹織物、武器、馬具、甲冑、須恵器等の製法や、中国の学問を伝えた。

雄略天皇は、先進文化の積極的受容により朝廷の勢力が伸長した五世紀末に登場した。彼は競争者を倒して大王になり、葛城氏の勢力を押さえた。そして、大王の臣下であることを示す臣《おみ》の姓《かばね》を設け、春日《かすが》、葛城、巨勢《こせ》、蘇我《そが》、平群《へぐり》等の有力豪族に与えた。そのことは大王の一族の絶対性を確立するものだった。

五世紀末には大和朝廷は関東地方を押さえ、毛野《けの》以西の東山道の諸豪族も、従えている。

**継体新王朝の成立**

雄略天皇という有力な指導者が亡くなると、朝廷の内紛が激化した。『日本書紀』によれば、その混乱期は四七九年から五〇六年に及ぶもので、その間に朝廷の日本統一の進展が全く見られない。

その時期には、在位年数の短い幾人かの大王がたった。しかし、武烈《ぶれつ》天皇の没後、仁徳天皇の血を引く男性のめぼしい王族がいなくなった。

そのため、その時期の朝廷の最有力者であった大伴氏と物部氏は、応神天皇の五代目の子孫という傍系だが、越前《えちぜん》にいて大勢力をもつ王族、男大迹王《おおとのみこ》（継体《けいたい》天皇）

を迎えて大王の位につけた。そして、継体天皇の下で、急速に中央集権化が進んでいった。地方豪族は直《あたい》の姓《かばね》を授けられて国造に編成された。さらに、中央の中小豪族は造や首《おびと》の姓《かばね》を与えられて伴造《とものみやつこ》として、臣《おみ》、連《むらじ》の下に組織された。

この時期に、北九州の有力者である筑紫《つくし》国造磐井《いわい》が大反乱を起こしたが、朝廷は武力で地方豪族を征圧して支配を強化していった。その際、交通上の要地に屯倉《みやけ》と呼ばれる大王家の直轄領を置き、地方豪族に対する朝廷の優位を確立させていった。

さらに、六世紀中葉の欽明《きんめい》天皇の時に大王の権威が急激に高まった。王女に太陽神を祭らせる慣行を作り、朝廷の祭祀を拡充し、大王家の系譜や神話を整理したのだ。その時期には、蘇我氏が急成長している。

その頃、百済が新羅の圧迫を受けて、日本に熱心に援助を求めるようになった。そのため、百済から仏像、経典、工芸品が贈られ、百済人の医博士や暦博士が朝廷に仕えるようになった。おかげで、日本に六朝《りくちょう》文化の粋《すい》が伝わる。奈良県斑鳩《いかるが》町藤《ふじ》の木《き》古墳の豪華な出土品は、この時期の日本文化の高さを物語る。

六世紀に、大和朝廷の本拠地は飛鳥に移った。奈良盆地を押さえるためには、そこが最も有利だったからだ。飛鳥は、もとは葛城一族の勢力圏であったが、雄略天皇が葛城氏を討ったおかげで、そこに大王家の勢力が浸透していた。また、飛鳥は朝廷発祥の地、「大和」に近かった。そこで、六世紀の大王家は、飛鳥に中心をおき、それに「大和」、斑鳩までを含めた範囲を勢力圏にしたのだ（一一三頁の地図参照）。

## 聖徳太子から大化改新へ

六世紀末になると、直接中国と国交を開いて仏教等の先進文化を得たいとする声が、国内に次第に広まっていった。また、五八九年に中国を統一した隋が東進策を始めたために、朝鮮半島に大きな動揺が生じていた。

そういった背景の七世紀初頭に、聖徳太子と蘇我氏が積極策をとり、大きな成果を上げた。高句麗、新羅に対する強硬的外交と遣隋使の派遣とで日本の国際的地位を高め、冠位十二階の制定、国史の作成等で内政を整備したのだ。大陸風の寺院建築が始まり、太子が建立した法隆寺で本格的な仏典研究がなされ、紙が国産化され、恒常的に天体観測が行なわれた。

そのような飛鳥時代は、日本に本格的な古代文化が発生した時期だと評価できる。

聖徳太子の没後、朝廷で内紛が続いた。そして、六四五年に中大兄皇子《なかのおおえのみこ》が蘇我入鹿《いるか》を倒したことをきっかけに、急激な中央集権化が始まっていった（大化改新）。まず中国風の都宮である難波宮《なにわのみや》ができ、全国が国と評《こおり》の行政区画に編成された。

次いで、壬申《じんしん》の乱《らん》に勝利した天武天皇の手で、官制、法制の整備が進んだ。天皇の称号が生まれるのはこの時期だ。やがて、藤原京《ふじわら》ができ、七〇一年には、中国風の整った法典である「大宝律令《たいほうりつりょう》」が制定され、以後の国政はそれに従って行なわれることになる。天皇家は、さまざまな試行錯誤を経て最終的に中国風の中央集権国家を選んだのだ。

「大宝律令」制定の九年後に、平城京が作られ奈良時代になる。平城京を擁する中央集権完成までの歴史は、大和朝廷の全国政権化への歴史でもあった。

## 纒向型前方後円墳が地方に広まる

これから、大和朝廷の全国統一の長い道のりについて述べていこう。

纒向型前方後円墳は、大和朝廷の勢力の地方への浸透を物語る最初のものだ。それは、古代都市「大和」で二二〇年から二五〇年頃の間に作られた小型の前方後円墳だ。その形式から、それらは前期のものと後期のものとに分けられる（六八頁参

## 地方の纒向型前方後円墳

| | 古墳名 | 所在地 | 全長 |
|---|---|---|---|
| 前期纒向型 | 神門五号墳 | 千葉県市原市 | 40　m |
| | 分校一号墳 | 石川県加賀市 | 33.6 m |
| | 那珂八幡古墳 | 福岡県福岡市 | 72　m |
| | 津生生掛古墳 | 福岡県小郡市 | 32　m |
| | 神蔵古墳 | 福岡県朝倉市 | 40　m |
| 後期纒向型 | 神門三号墳 | 千葉県市原市 | 48　m |
| | 神門四号墳 | 千葉県市原市 | 46.4 m |
| | 諏訪台一号墳 | 千葉県市原市 | 24　m |
| | 宮山古墳 | 岡山県総社市 | 28.8 m |
| | 萩原一号墳 | 徳島県鳴門市 | 28.8 m |
| | 原口古墳 | 福岡県筑紫野市 | 86.4 m |
| | (宮東遺跡 | 福島県会津坂下町 | 35　m) |

照）。

中央の前期纒向型前方後円墳の年代が二二〇年から二三〇年の間で、後期のそれが二五〇年前後と考えられる。そして地方の前期纒向型前方後円墳は二四〇年から二七〇年頃に、後期のそれは二七〇年から三二〇年前後にできたと見てよい。

大型の前方後円墳が出現する時期に、纒向型前方後円墳は姿を消した。

上の表からわかるように、纒向型前方後円墳は、関東地方から北九州に及ぶ広範囲に分布する（宮東《みやひがし》遺跡については一三〇頁参照）。その領域は、銅鐸分布圏よりも広い。ところが、纒向型前方後円墳の総数は少ない。そして、それらは大和朝廷の勢力圏の外縁部に作られている。

関東から、中国地方西端に至るきわめて広い地域で作られた土器が纒向遺跡に搬入されている（五九頁）。その範囲を示すと、左の図のようになる（丸が大きいほど量が多い）。それは、初期の大和朝廷の勢力範囲を示すものに他ならない。

そして、纒向型前方後円墳の多くは、搬入土器の分布圏の境界もしくは、その外側にある。このことは、朝廷が最初は自己の勢力圏の外れの首長を選んで古墳を作らせて優遇したことを物語る。

中国は、最も遠方から通交を求めてきた国を優遇している。たとえば、魏《ぎ》は、卑《ひ》弥呼《みこ》に親魏倭王《しんぎわおう》、インドのクシャナ朝の王ヴァースデーヴァには親魏大月《だいげつ》氏王の称号を授けた。「親魏某王」は、「某王」より格が高い。大和朝廷が早くからそのような中国的発想を採用していたことには注意する必要がある。

さらに、纒向型前方後円墳から、朝廷が吉備と北九州の首長を優遇していたありさまがわかる。吉備は大和朝廷の勢力圏の外れではないのに、そこに宮山古墳が作られている。また、地方の纒向型前方後円墳の規模は、おおむね中央のそれの半分にすぎないのに、北九州にある全長七二メートルの那珂八幡《なかはちまん》古墳と全長八六・四メートルの原口《はらぐち》古墳だけが中央のものに見劣りしない作りをとるからである。

## 纒向遺跡への搬入土器

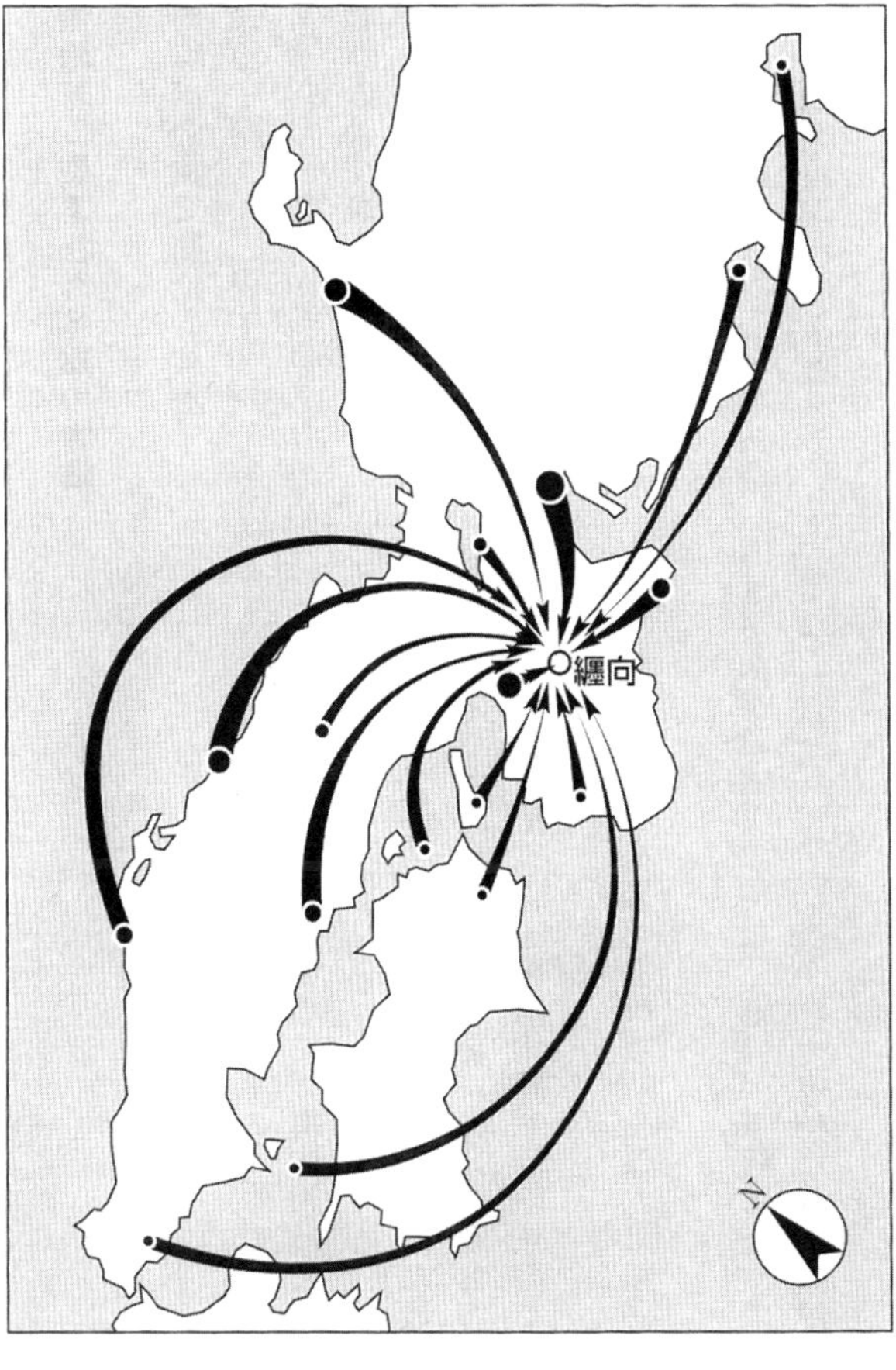

## 会津地方に生まれた初期の古墳

平成二年（一九九〇）五月に、この時期の古墳の性格を考える有力な手がかりになる古墳が会津《あいづ》で発見された。

会津坂下《ばんげ》町宮東《みやひがし》遺跡から、盛り土をもち、前方部の先が三味線のバチ状に開いた前方後円形の遺構が発見されたのだ。それは四世紀初頭のもので、纏向型前方後円墳にきわめて似た形をとる。

しかも、特殊器台を模した形の赤色顔料を塗った土器片と、底に穴のあいた壺が、墳丘の周囲から出土している。特殊器台も赤色顔料も纏向遺跡に見られるものであり、穴のあいた壺は箸墓古墳にある。つまり、そこの遺物は大和朝廷のものにきわめて近い。

さらに、近畿地方の土器や山陰、北陸の土器がそこで発見されていることにも注意したい。

各地と積極的に交易した首長が、四世紀初頭の会津にいた。彼は、当時にあって最高級の文化をもつ大和朝廷といち早く結び付き、その指導下に組み込まれたのだ。

## 旧勢力の分裂を示す銅鐸の多様化

大和朝廷は、近畿地方中心に広まっていった銅鐸を用いた祭祀を受け容れなかった。前に述べたように、三輪山の神は、水の神の性格ももっている。ところが、銅鐸祭祀の名残りは三輪山の祭祀に全くない。祭器を土中に埋めて祭りの日に取り出したり、井戸の側で神を慰めるといった場面が見られないのだ。

つまり、大和朝廷はそれまで近畿地方で行なわれていた祭祀を全面的に否定して、新たなものを作り出したのだ。前にあげた纏向遺跡から出土した砕かれた銅鐸は、そのことを象徴する。それは朝廷が国内に広まっていた祖霊信仰に代わる首長霊信仰を作り出した事実に対応する。

銅鐸

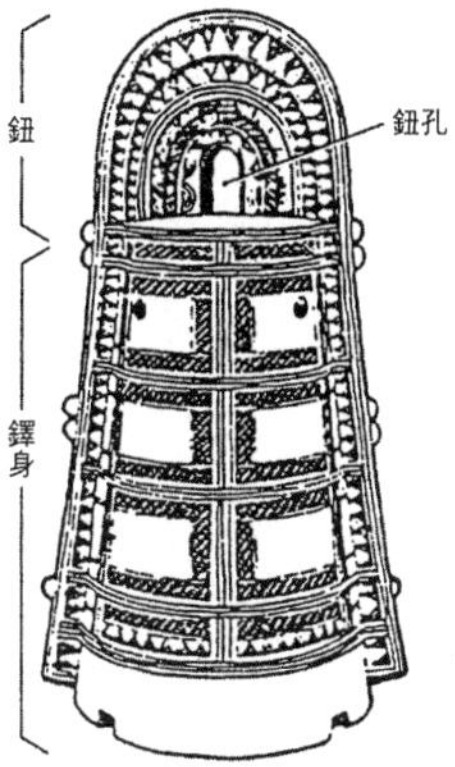


纏向遺跡が作られた数十年後にあたる、二七〇年前後に、銅鐸の形式が多様化していった。銅鐸は近畿式《きんきしき》銅鐸と三遠《さんえん》式《しき》銅鐸の二つの流れに分かれ、各々がさらに多くの形式に枝分かれした。三遠式

銅鐸は、これまでほとんど銅鐸が見られなかった東海地方西部に急速に普及していった。

平成二年（一九九〇）の千葉県君津《きみつ》市大井戸八木《おおいどやぎ》遺跡からの銅鐸の出土により、銅鐸分布の東限は房総半島にまで広がった。

鈕《ちゅう》の外側に飾りを付したのが近畿式で、それがないのが三遠式だ（前頁図は三遠式）。

それまで銅鐸祭祀を指導していた奈良盆地の首長たちが、銅鐸を用いなくなったために、銅鐸の定まった形式がなくなり、多様な銅鐸が生まれたのだろう。

近畿地方の銅鐸は、三〇〇年前後に姿を消した。その少し前に、三河《みかわ》や遠江《とおとうみ》に、近畿式銅鐸が出現している。銅鐸祭祀に固執する近畿地方のいくつかの集団が、大和朝廷に追われて、東海地方に移住したのだろう。

しかし、地方の銅鐸も三二〇年代には見られなくなる。あたかも、前方後円墳に象徴される首長霊信仰がじわじわと広がり、銅鐸に表わされる祖霊信仰を消していくかのように見える。

もっとも宗教戦争があったわけではない。首長霊信仰は、在来の祖霊信仰をその中に取り込み、地方の人びとの生活を尊重するものだからだ。地方の個性を尊重し

3世紀後半の銅鐸の分布

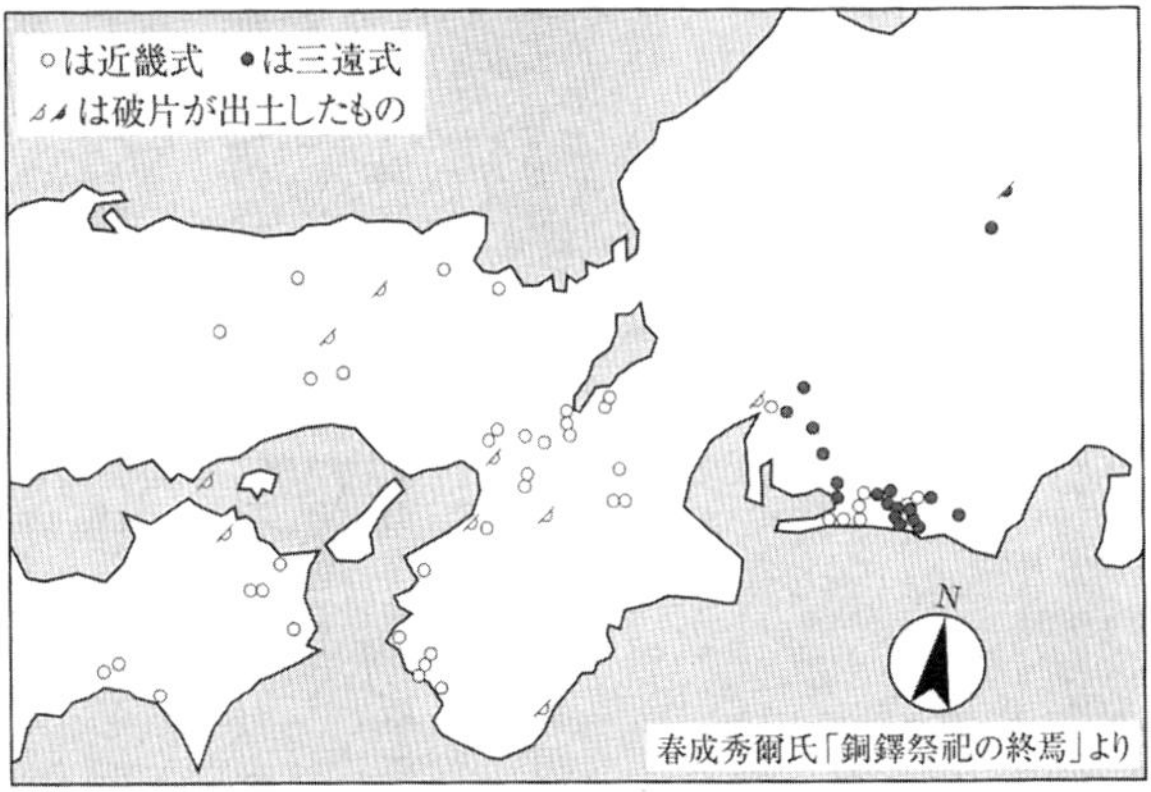

春成秀爾氏「銅鐸祭祀の終焉」より

つつ、大和朝廷は新たな支配にあった文化を全国に及ぼしていったのだ。

**銅鐸を割って銅鏡へ**

三世紀末の遺跡から、しばしば銅鐸の破片が発見されている。兵庫県豊岡市久《く》田《だ》谷《や》遺跡では銅鐸の破片一一七点がまとまって出た。香川県さぬき市森弘《もりこう》遺跡でも、銅鐸の鐸身《たくしん》（叩いて鳴らす部分）の小片七点が発掘された。それらは、人為的に砕かれたものだ。青銅の破片をまとめて保管して再利用しようと考えていたらしい。

岡山県玉野《たまの》市沖、三・五キロメートルの海底でも、砂利採取中に銅鐸片が発見された。それは、前にあげた例と多少違う性格をもつ。銅鐸をわざわざ割って海に捨てている。大和朝廷が武力で征服した首長の銅鐸を破壊したか、朝廷への恭順を示すために銅鐸を捨ててみせた首長がいたかだろう。

銅鐸祭祀の全盛期には、近畿地方およびその東方の銅鏡の数が少なかった。ところが三世紀末以降、銅鏡が急増する。銅鐸が銅鏡に鋳《い》なおされたからだろう。

それは、銅鐸で祭る集落全体を守る水の神に代わって、銅鏡を身に付ける首長を重んじるようになったことに対応する。朝廷の勢力の浸透とともに、首長一人だけが民衆から隔絶した地位につく身分制度が普及していったのだ。

# 桃太郎伝説と前方後円墳

## 吉備最大の古墳がある総社古墳群

岡山県総社市宮山古墳は、二七〇年前後に作られた、中央と大和朝廷の勢力圏の周辺部以外の地に位置する唯一の纒向型前方後円墳だ。宮山古墳の存在から、吉備地方が二七〇年前後に大和朝廷の影響下に入ったことがわかる。

宮山古墳は、吉備の最有力豪族、下道《しもつみち》氏が残したものだ。吉備を代表する造山《つくりやま》古墳、作山《つくりやま》古墳といった巨大古墳をもつ総社古墳群は、下道氏の勢力を物語る。

総社古墳群は「吉備風土記の丘」として整備されており、遊歩道に沿って古墳の点在するのどかな田園風景を眺めることができる。

大和朝廷を開いた吉備からの移住者は墳丘墓、特殊器台といった吉備特有の文化を古代都市「大和」に持ち込んだ。

造山古墳　(吉備の有力な古墳)

そのため、大和朝廷の発生以来、「吉《き》備《び》氏」の名で一括される吉備の有力首長群と朝廷とは親密な関係を保っていた。朝廷の北九州や出雲への進出は、彼らの協力なしには不可能であった。客観的に見れば、吉備氏は朝廷の忠実な配下の役割をはたしていたにすぎない。しかし、彼らが五世紀中葉頃までは、朝廷は大和と吉備との二頭政権だという意識を有していたことも事実だ。

## 複数埋葬をとる吉備の墓

古墳発生に先だつ紀元二〇〇年前後に、多くの墳丘墓が吉備地方に出現した。それらは、直径一〇メートル程度の円形や、一辺一五、六メートルほどの四辺形をしており、広い墳頂をもつ。墳頂の平面には多くの人が埋葬されていた。しかも集団墓地の一角に築かれる墳丘墓も多い。つまり、吉備の墳丘墓は、首長の墓を特別扱いする前の段階に生まれた。だから、幾人かの者を首長と同じ墳丘に葬ったのだ。それは、首長もそれ以外の人も、死後は平等な祖霊となって人びとを見守るとする祖霊信仰から作られた。

岡山市都月坂《とつきざか》二号墳丘墓には、一二個の木棺が納められていた。その中の一個だけが、勾玉《まがたま》とガラス小玉《こだま》を副葬していた。それが首長の棺と見られるが、副葬品の量は少ない。そのことは、そこに葬られた首長が一般の住民からかけ離れた勢力をもつものではなかったことを示す。吉備の墳丘墓は、おおむねこの程度のものであった。

宮山古墳は纒向型前方後円墳の形をとるが、複数の人物を埋葬している。首長は後円部の頂上の竪穴式石室に葬られ、他の者は後円部から前方部にかけて作られた一〇個の埋葬施設に納められていた。首長を最要地におき、他の者をそれに配祀する宮山古墳が、祖霊信仰から首長霊信仰への過渡期のものであることがわかる。

元来、首長の墓と一般の住民の墓とは区別されるものではなかったのだ。ゆえに、個人を葬る本格的前方後円墳の創出が、首長霊信仰を生み出すきわめて画期的な出来事であることがわかる。

## 前方後方墳は吉備と大和の勢力の拮抗を示す

三二〇年代になると、吉備にも首長だけを葬る古墳が発生した。最初のものは、岡山市湯迫車塚《ゆばくるまづか》古墳だ。それは、全長四八・三メートルの前方後方墳でかなり小さい。湯迫車塚古墳は、総社古墳群より東方の、上道《かみつみち》氏の本拠地に築かれている。そのあたりには吉備では総社古墳群に次ぐ、有力な古墳群が見られる。

総社古墳群のものを除けば吉備の発生期の有力古墳は、すべて四辺形の墳丘に首長を葬り、四辺形の祭壇を付した前方後方墳だといってよい。

湯迫車塚古墳が作られたことをきっかけに、三四〇年代までに、岡山平野の各地に小型の前方後方墳ができる。岡山市門前山《もんぜんやま》五号墳、同浦尾《うらお》二号墳、倉敷市大�古墳、同龍王山《りゅうおうざん》古墳等と挙げていくときりがない。

一〇一頁に示したように、物部氏の本拠地には三一〇年前後に下池山古墳という日本最古の前方後方墳が作られている。これによって、物部氏が朝廷の吉備支配に関与したことがわかる。

総社古墳群と湯迫車塚古墳の中間に、四世紀代を通じて前方後方墳を作り続けた首長がいる。それは、賀陽《かや》氏と思われる。そこの、岡山市都月《とつき》一号墳、同七《なな》つ圦《ぐろ》三号墳、同津島《つしま》古墳は、三世代にわたって作られた前方後方墳だ。

しかし、三六〇年代以後の吉備には、前方後円墳が多く見られるようになる。その時期は、早目に朝廷の意を迎えた総社古墳群を擁する下道《しもつみち》氏の成長期でもあった。彼らが造山、作山の巨大古墳を作るのが、五世紀初頭だ。

## 桃太郎伝説と吉備津彦

吉備氏は、『日本書紀』に形成期の大和朝廷の良き協力者として出てくる。吉備地方には、下道《しもつみち》、上道《かみつみち》、賀陽《かや》、三野《みの》、笠《かさ》等の諸豪族がいた。それらは吉備氏と総称され、吉備津彦《きびつひこ》を共通の祖先とした。

吉備津彦は、倭迹々日百襲姫《やまとととひももそひめ》の弟、つまり崇神天皇の大叔父として、崇神朝に活躍する。

『日本書紀』に、次のような崇神天皇の四道将軍《しどうしょうぐん》派遣の記事がある。

「大彦命《おおひこのみこと》を以て北陸に遣す。武渟川別《たけぬなかわわけ》をもて東海に遣す。吉備津彦をもて西道に遣す。丹波道主命《たにわのみちぬしのみこと》をもて丹波に遣す」

この話は、大彦命の子の武渟川別の子孫と名乗る阿倍氏が作ったものだ。これに

## 吉備一族の分布

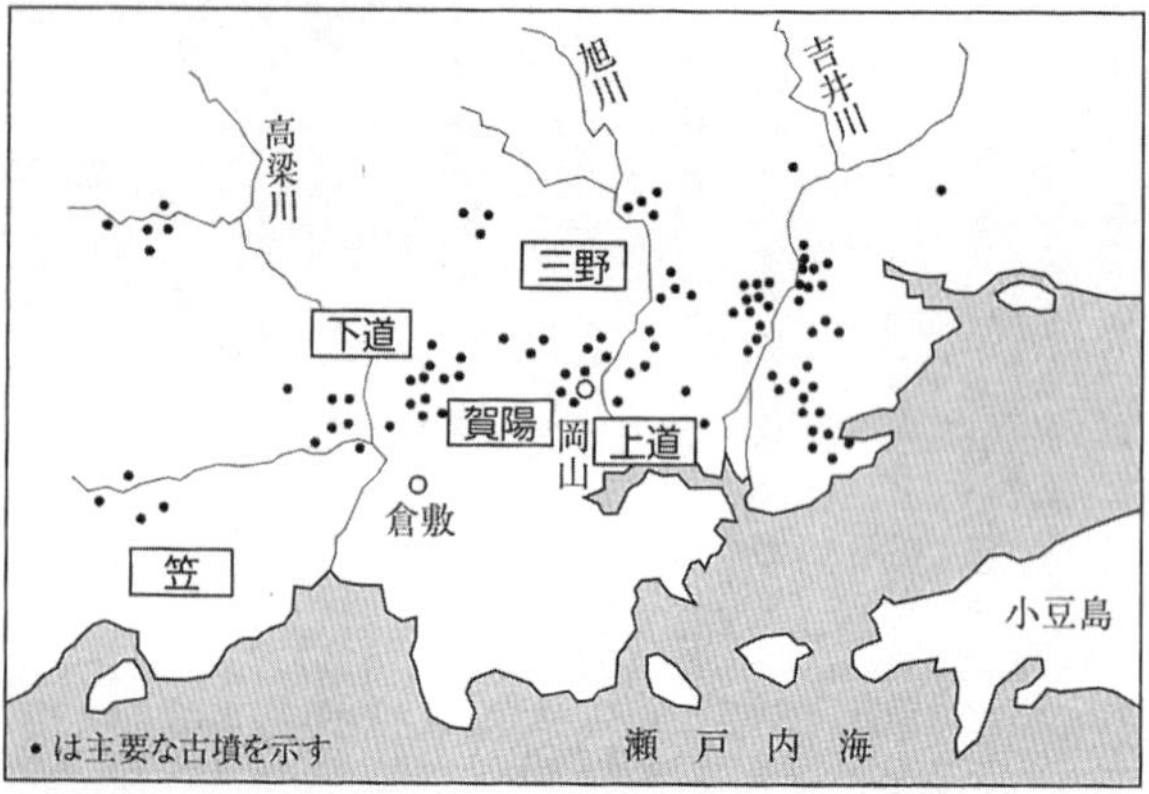


対応する『古事記』の記事には、北陸、東海、丹波平定の話だけが見え、吉備津彦の姿はない。

『古事記』は、四道将軍の話とは別の吉備の平定を伝える。吉備氏の先祖は播磨と吉備との国境に忌瓮《いんべ》（祭祀用の大型の土器）を置いて道の神を祭ったのちに進軍したという。吉備平定の話は、もとは独立したものだった。ところが、阿倍氏が四道の数を整えるために、吉備津彦を自家の伝承中に加えたのだ。後（一九七頁）の稲荷山古墳出土鉄剣銘の話で述べるように、阿倍氏は五世紀末に東方経営に活躍した。そのことが、四道将軍伝承を生み出したのだ。阿倍氏は、五世紀の朝廷の中では、春日氏、物部氏、葛城氏などにつぐ地位にあった。

吉備津彦が崇神朝の出雲征服に関わった話も伝えられている。後で述べるように、考古資料から見て吉備氏が出雲平定に加担したのは事実だろう。

しかし、吉備に下った王族が吉備氏になったという話は架空のものだろう。吉備の諸豪族が、下道氏を中心にまとまり、共通の祖先、吉備津彦を作り出す。さらに、それが大王の系譜と結びつけられた。この動きは、前方後円墳が普及する三六〇年代頃に起こったと見られる。

大和朝廷は、服属した豪族の祖先を大王の系譜に取り込んで発展していったのだ。

桃太郎伝説は、吉備津彦神社が伝える吉備津彦の事跡をもとに作られている。吉備氏は、早くから自家を大王の下で鬼、すなわち王権に従わぬ者共を討った英雄の子孫と位置付けていたのだ。

**吉備の反乱が朝廷の吉備支配を確立した**

大和朝廷は、吉備の地方文化を多く採り入れている。製塩と製鉄はその代表的なものだ。吉備の土器製塩は大和朝廷に入り、伊勢湾岸、若狭湾岸に広まった。それは、土器に海水を入れて煮たてる原始的な製塩だが、当時としては最も進んだ技術だった。

日本人は長い間、朝鮮半島から鉄を輸入していたが、五世紀初頭の吉備でようやく製鉄が始まった。岡山県美咲町月《つき》の輪《わ》古墳から出土した鉄滓《てっさい》はそれを物語る。鉄滓は製鉄の工程で出来るもので、鉄滓だけを持ち運ぶことはない。吉備の製鉄技術は、六世紀末には大和に伝わり各地に鉄器を普及させていった。高度な技術をもつ吉備氏の巨大古墳は、次のように物語る。

「大和朝廷は俺のところから分かれた新興勢力だから、俺たちは大王と同等の古墳を作るのだ」

しかし、権勢を誇った吉備氏は、五世紀末に凋落《ちょうらく》の運命をたどった。『日本書紀』は、吉備の小豪族の一人、弓削部虚空《ゆげべのおおぞら》が、雄略天皇に次のように告げたという。

「吉備下道臣前津屋《きびのしもつみちのおみさきつや》、小女《おとめ》を以ては天皇の人にし、大女《おおめのこ》を以ては己《おの》が人にして、競ひて相闘はしむ。幼女《おとめ》の勝つを見ては、即ち刀を抜きて殺す」

そこで、大王は物部氏に命じて前津屋を討たせた。

五世紀末に朝廷の勢力が伸長すると、朝廷との結び付きを強めていく者と、伝統を重んじる者とが分かれた。そして、後者の立場をとる吉備の最有力豪族下道氏は、朝廷と吉備の親朝廷勢力の圧迫をうけて衰退してしまった。

そのため、五世紀末に吉備の古墳は急激に小型化する。また、朝廷は六世紀中葉に、交通上の要地である児島《こじま》に、直轄領の白猪屯倉《しらいのみやけ》を置いて、吉備への支配強化の拠点とした。

## 近畿地方東辺部の小豪族

一三三頁に示した銅鐸の分布図でわかるように、銅鐸は近江北部、美濃、越前にはほとんど見られない。近畿地方中央部の文化が三世紀末まで、その地方にほとんど流入しなかったからだ。

ところが、大和朝廷の勢力は、四世紀初頭からそこに急速に浸透した。それは、その時期に、何の前触れもなく有力古墳が出現することからわかる。全長一六二メートルの滋賀県安土町《あづち》瓢簞山古墳《ひょうたんやま》、全長八八メートルの同県大津市大塚山古墳《おおつかやま》、全長七八メートルの岐阜県大垣市《おおがき》赤坂町《あかさか》遊塚古墳等がそれに当たる。

また、その地域には垂仁天皇の子孫と名乗る近江の三尾氏《みお》などの、古い時代の王族を祖先とする系譜をもつ中流豪族が多い。表に示しておこう。

次頁の表にあげた諸豪族は、大和朝廷の本拠地が五世紀に河内に移る前に大王家

**大王家から分かれた近江、美濃、越前の豪族**

| 始祖の皇子の名 | 父 | 子孫 | 本拠地 |
|---|---|---|---|
| 磐衝別命 | 垂仁天皇 | 三尾君 | 近江 |
| 大碓皇子 | 景行天皇 | 身毛津君 | 美濃 |
| 〃 | 〃 | 守君 | 近江 |
| 稚野毛二派皇子 | 応神天皇 | 三国公 | 越前 |
| 〃 | 〃 | 波多公 | 近江 |
| 〃 | 〃 | 息長公 | 近江 |
| 〃 | 〃 | 坂田公 | 近江 |
| 〃 | 〃 | 山道公 | 越前 |
| 〃 | 〃 | 布勢君 | 近江 |

から分かれたことになる。継体天皇は越前に土着した応神系の王族から立って大王になった。

『日本書紀』は、景行天皇がその子である大碓《おおうす》皇子《みこ》を美濃に追いやった話を伝えている。蝦夷を討つように言われた皇子は、おびえて草の中に逃げ隠れた。そこで、天皇は家来に皇子を引きつれてこさせて、美濃国に領地を与えて都から去らせたという。そのあとで、天皇は皇子の双生児の弟にあたる日本《やまと》武尊《たけるのみこと》を東方に送った。

中央の政争で敗れた王族が、近畿地方の東辺部に追われたこともあったのだろう。

聖徳太子が作った史書を、『上宮記《じょうぐうき》』という。その全文は伝わらない。しかし、中世の『日本書紀』の注釈書『釈日本紀《しゃくにほんぎ》』は、たまたまその中の応神天皇から継体天皇にいたる系譜を載せている。

それによって、継体天皇の祖母は身毛津君《むげつきみ》（牟義都国造《むぎつ》）の娘、母は三尾君出身であることがわかる。そのうえ、継体天皇の妃の中に、三尾氏、息長《おきなが》氏、坂田《さかた》氏の女性がいる。

しかも、系図には、継体天皇の曾祖父の二人の妹が允恭天皇の后になったことも見える。つまり、表にあげた豪族群は、互いに婚姻を重ねるとともに、大王家との関係をも保っていたのだ。

垂仁天皇等を祖先とする系譜が、確実かどうかは保証できない。しかし、四世紀に大王家から分かれて、後進地であった近畿地方東辺部の未開発地を開き定住した豪族群がいたのは事実だ。

朝廷は彼らを軸に東方への支配を広げていった。

# 邪馬台国最後の戦い

**邪馬台国大和説の崩壊**

北九州の人びとは、弥生時代の開始以来、次々に新文化を採り入れて、日本列島中でずば抜けた高度な文明を作り出していた。中国の史書である『漢書《かんじょ》』は、紀元前一世紀末に北九州の小国がしきりに朝鮮半島と交易したことを記している。次いで、『後漢書《ごかんじょ》』は、五七年に北九州の奴国《なこく》が金印（中国の王族にならぶ地位であることを表わす印章）を与えられたという。さらに、三世紀には邪馬台国《やまたいこく》が中国の魏《ぎ》、晋《しん》（西晋）の王朝との交流をもった。そこで、全国政権となるために大和朝廷は、大陸から伝わった高度な文化をもつ北九州を押さえねばならなかった。三二〇年代に大和朝廷の攻撃を受けると、そこを治めていた邪馬台国は、案外もろく崩壊した。

その時から、文化の中心が奈良盆地に移った。日本史を見ると、文化の頂点のある地を押さえた者が、いつも日本列島を支配していることに気づく。戦国大名たちがこぞって上洛を競ったのはそのためだ。

大和朝廷の北九州制圧は、彼らの「天下取り」の戦いであった。

私は、これまで邪馬台国九州説に基づいて話を進めてきた。しかし、邪馬台国の位置に関しては、邪馬台国九州説と、邪馬台国大和説との間に長い論争がある。

もっとも纒向遺跡のあり方から、邪馬台国は大和ではあり得ないのではないかと思えてくる。纒向遺跡は卑弥呼やその後継者の台与が活躍した二二〇年頃作られているが、そのころの纒向遺跡に中国文化の影響がほとんど見られない。中国産の青銅器も、中国の器物を模した国産品も、出ていないのだ。

中国と通交した卑弥呼の都が、本当に纒向遺跡のような中国産の遺物のないものだろうか。あるいは、遺跡の未発掘の部分に大量の二世紀末から三世紀初頭の中国鏡が埋まっているのだろうか。

## 銅剣・銅矛文化圏にあった邪馬台国

台湾の中国文学者、謝銘仁《しやめいじん》氏が、独自の興味深い意見を発表した（『邪馬台国 中国人はこう読む』）。当時の文章の書き方から見て、「魏志倭人伝《ぎしわじんでん》」（中国の史書『三国《さんごく》志《し》』の一部）は、倭国に行った中国人の見聞のままに記されたものだという。

つまり、中国の使者は六〇日かけて不弥国《ふやこく》から邪馬台国《やまたいこく》まで行ったのだ。しかし、三世紀の中国の役人はきわめてのんびりした旅行をする。休憩をとったり、一日かけて卜占《ぼくせん》や祭祀を行なう。だから、邪馬台国は北九州にあってもかまわないと謝銘仁氏は説く。

正当な意見である。また、卑弥呼が女王になった二世紀末の銅剣、銅矛を重んじる北九州の文化と銅鐸をまつる近畿地方の文化とは異質である。卑弥呼の時代に、その両方を押さえる政権があったと見るのは難しい。それより、四世紀初頭の銅鐸の消滅の動きと、近畿地方から北九州までの統一とをからめて考えるのが妥当ではあるまいか。

## 江南の航海民の襲来

邪馬台国に卑弥呼が立つまでの歴史を、簡単に述べておこう。

紀元前一〇世紀初頭に弥生時代が始まるが、弥生前期の人びとは素朴な弥生土器と石器、木器を用いるだけの生活をしていた。そして弥生時代中期が始まる紀元前一世紀中葉に、北九州の社会に革命的な変化が起きた。

朝鮮半島との大がかりな交易が始まり、大量の青銅器や鉄器が入ってきだした。鉄製農具のおかげで米の生産量が急激に増えた。生活にゆとりを得た人びとは、さまざまな手工業製品を生み出した。

弥生時代中期の開始とともに、北九州の人びとの生活は目に見えて豊かになった。この豊かさが東方に伝わり、近畿地方に入るのに約三〇年を要した。

このような文化の急展開は、弥生文化の自然な発展の上には起こり得ない。高度な航海技術をもつ江南《こうなん》からの新たな渡来者が、それを惹き起こしたのだ。江南には、強大な水軍をもち、呉《ご》、越《えつ》の強国を作った人びとがいた。ところが、紀元前一世紀に前漢の勢力が江南に強く及ぶようになると、北方からの移住者が先住民を圧迫し始めた。そのため、彼らは安住の地を求めて四散せざるを得なかった。その中の一部が、北九州に来た。

彼らは鏡を人の心を象徴するものとして祭った。また、刀剣は護身の呪具とされた。その習俗は、中国の道教にも採り入れられ、鏡と刀剣を「二種の神器」とする祭祀を生み出している。

その信仰によって、弥生中期以後の北九州の首長は、朝鮮半島産の銅鏡と銅剣、銅矛を求めた。福岡市吉武高木《よしたけたかぎ》遺跡で、銅鏡一枚、銅剣二本、銅矛一本等を納めた紀元前一世紀末の墓が発見された。それは、江南から渡来して小国家を築いた王のものだと思われる。

この時期に、倭人が初めて中国の歴史書に登場した。『漢書』地理誌《ちりし》に次の文章が見える。

「夫《そ》れ楽浪《らくろう》海中、倭人あり、分かれて百余国をなす。歳時を以て来りて献見《けんけん》す」

前漢の武帝《ぶてい》が、紀元前一〇八年に衛氏《えいし》朝鮮を滅ぼして朝鮮半島北部に楽浪郡《らくろうぐん》という植民地を置いていた。楽浪郡の近くの海の中の島に一〇〇あまりの倭人の小国があったというのである。

北九州の小国の首長たちは、中国人がうるさいと思うほどしばしば楽浪郡に行き、青銅器、鉄器を求めた。

## 奴国王から倭国王への成長

一世紀中葉の北九州では、多くの小国が繁栄していた。中でも隆盛を誇ったのが、博多湾岸の奴国《なこく》だ。奴国王は、紀元五七年に後漢に使者を送り、「漢委奴国王《かんのわのなのこくおう》」と刻んだ金印を与えられた。それは、江戸時代に偶然、志賀島《しかのしま》で見つかり、私たちの目に触れることになる。

佐賀県神埼町吉野ヶ里遺跡の全盛期も、一世紀中葉だ。それは、巨大な環濠をもつ大集落で、「魏志倭人伝」に出てくる弥奴国《みなこく》の跡だと考えられる。ところが、そこから出土する青銅器の量は、奴国に関わる遺跡のそれよりはるかに少ない。朝鮮半島から遠い弥奴国等の有明海沿岸の小国は、奴国等の玄界灘沿岸の諸国より交易に不利な立場にあった。

巨大な墳丘墓が、吉野ヶ里にある。戦闘で傷ついた戦士の骨も、そこから出土した。それによって弥奴国の人びとが、交易権をめぐって奴国等としきりに争ったありさまがわかる。

一世紀末に、奴国の西方の糸島平野にあった伊都国《いとこく》が強大化し始めた。そして、そこの首長の帥升《すいしょう》は、玄界灘の小国をまとめ、「倭国王」と自称して後漢に朝貢した。一〇七年のことだ。

伊都国の王は、朝鮮半島から渡来した漢字を使いこなせる人物を召し抱えていた。そのため、「伊都国」、倭国王「帥升」という好字を連ねた名を用いたのだ。「倭人」「奴国」「邪馬台国」「弥奴国」「卑弥呼」等はすべて、相手を軽蔑する悪字で表記されたものだ。

吉野ヶ里遺跡の墳丘墓　巨大な墳丘墓は勢力の巨大さを物語る

## 交易権をかけた倭国大乱

伊都国は、二世紀初頭から筑前《ちくぜん》の小国をまとめ始めた。伊都国王が後漢から倭王に任命されたため、伊都国治下の者の楽浪郡での安全な交易が保証された。そのため、周辺の小国が交易権をもつ伊都国に次々に従ったのだ。

しかし、その時期に、筑後《ちくご》の小国も、邪馬台国を押し立ててまとまりつつあった。邪馬台国は一世紀中葉頃起こり、二世紀初頭の弥奴国の衰退をきっかけに強大化して、筑後の盟主になっていった。

さらに筑後の小国群は、中国の先進文化を切望して伊都国と争うようになった。中国の史書は、一〇七年の帥升の遣使のあと七、八〇年間、平和な時代が続いたという。そして光和《こうわ》年間（一七八—一八四）に、倭国に大乱が起こった。その後に、卑弥呼が女王に立ってそれを治めたと伝える。このことは、邪馬台国が伊都国を従えたことを物語るものだ。

「魏志倭人伝」は、伊都国について、

「世々王有るも、皆女王国に統属す」

という。さらに、邪馬台国が伊都国に大率《だいそつ》という役人を置き、外交や交易の監督

## 北九州の小国（伊都国連合から邪馬台国連合へ）

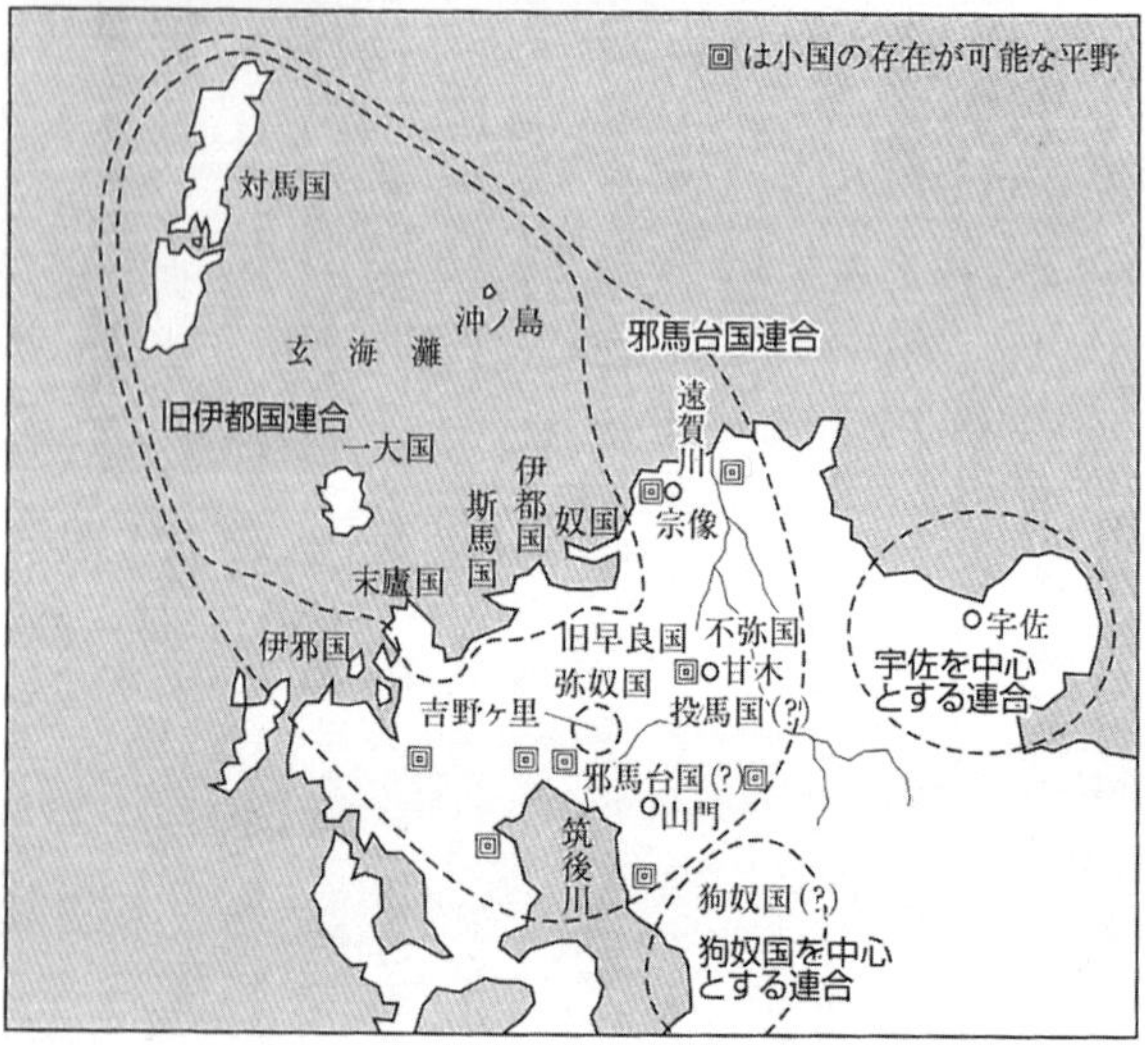


をさせていると記す。

伊都国は、二世紀末に邪馬台国に従うようになっても中国、朝鮮との交易の中心地の位置を占めていた。そして、卑弥呼は伊都国王の伊都国内部への支配を認め、大率の派遣で交易権を把握するだけで満足せざるを得なかったのだ。

邪馬台国は、武力で小国を潰していく統一国家ではなく、交易権を握り、先進文化を自国に従う小国に分け与える、小国連合の盟主にすぎなかった。

## 三角縁神獣鏡を生み出した邪馬台国

卑弥呼の時代の邪馬台国は、北九州西部を押さえる有力な「交易国家」だった。「交易国家」は、他国、他地域からくる有益な物品を独占し、周辺の小国に分け与えることを通じて成長する。しかし、その状態の小国は、他勢力に交易権を妨げられると一気に衰退することになる。

ゆえに、邪馬台国の隆盛が中国の政情と深く関わることに注意する必要がある。魏が強大化して朝鮮半島北部を押さえるとともに、邪馬台国と中国との国交が頻繁になった。そして、魏のあとをうけた晋《しん》の南渡（西晋が滅び、その一族が江南に逃れて東晋をたてたこと）をきっかけに、邪馬台国が滅亡した。

邪馬台国の隆盛は、魏晋あってのものだった。

成長期の「交易国家」は、一方で独自の特産品を作り、もう一方で周辺の文化を吸い上げて高度な文化を生み出そうとする。そのことによって、自力だけで周辺の諸国に対する優位を保とうとするのだ。

三角縁神獣鏡《さんかくぶちしんじゅうきょう》と呼ばれる美しい銅鏡は、邪馬台国の代表的な特産品だ。それは、外側に向かうほど斜めに高くなる縁をもち、中央に想像上の人物や動物を浮き彫りにしたものだ。

「景初《けいしょ》三年（二三九）、陳是（氏）銘を作る」（島根県雲南市神原《かんばら》神社古墳出土）

といった卑弥呼の時代の銘をもつ三角縁神獣鏡が多い。そこで、それを魏が卑弥呼に与えた銅鏡だとする説が出されたこともある。

ところが、中国の王仲殊《おうちゅうしゅ》氏がそのような意見に対する批判を出している（「日本の三角縁神獣鏡の問題について」、『考古』一九八一、四号）。三角縁神獣鏡に似た意匠の鏡は中国になく、そのような大型の鏡も見られない。だから、それは日本で新たに創られたものだ。三角縁神獣鏡に多少似た意匠をもつ鏡は、江南を押さえ魏と対立した呉《ご》にある。だから、呉の工人が日本に移住して三角縁神獣鏡を作ったと王仲殊氏はいう。

三世紀の中国の鏡が直径一四、五センチ程度なのに、三角縁神獣鏡の直径は二〇センチを越える。魏は卑弥呼に小型の中国鏡を与えたのであろう。魏が倭国に送るために三角縁神獣鏡を特鋳したと見ることもできるが、そうすると、それが呉に特有の意匠をもつ理由が説明できなくなる。

江南と北九州とが密接なつながりを有していたことから見て、呉から鏡作りの工人が来たとする考えは妥当なものだろう。

た。

## 邪馬台国が狗奴国を併合する

邪馬台国は、自国の文化を育成するとともに、周囲の小国を次々に従えていった。「魏志倭人伝」は、その過程での邪馬台国と狗奴国《くなこく》との争いを伝える。狗奴国は肥後北部の小国群の盟主であった。

正始《せいし》四年（二四三）の卑弥呼の遣使の直後に、邪馬台国は狗奴国と衝突した。その翌々年、魏は、狗奴国との戦闘を指揮する邪馬台国の将軍、難升米《なんしょうみ》に黄幢《こうどう》（官軍の旗）を授けようとした。ところが、韓人の反乱が起こり、それを邪馬台国に送れなかった。

正始八年（二四七）になって、ようやく混乱が収まり、新しい大守《たいしゅ》が帯方郡《たいほうぐん》（魏の植民地）に来た。それを聞いた卑弥呼は、ただちに使者を送って援助を求めた。そして、張政《ちょうせい》という者が、黄幢と戦いを止めよという檄《げき》（触れ文）を邪馬台国にもたらした。おかげで、戦いは静まったという。

狗奴国は、邪馬台国がもつ大陸との交易権に干渉する戦いを仕掛けたのだろう。そしかし、帯方郡の檄で、邪馬台国を倒しても大陸と交易できないことを知った。そのため、狗奴国は邪馬台国に従い、交易品の分配にあずかる道を選んだのだ。

考古資料から見ても、三世紀中葉以降の肥後《ひご》北部の文化に目立った進展はない。つまり、邪馬台国を従えて交易権を取り、筑前から肥後に至る支配者になろうとする狗奴国の夢は実現しなかったのだ。

**邪馬台国東遷はあり得ない**

卑弥呼は、二五〇年前後に亡くなった。後を継いだ台与は、ただちに魏に使者を送った。

泰始元年(二六五)、魏に代わって晋が立った。その翌年、倭国の女王が晋に貢物を届けたという。その女王は、台与と思われる。彼女は新王朝を祝福して今後の修交を求めたのだった。ところが、邪馬台国の記事は、それ以後の中国の史書には見えない。

邪馬台国九州説は、二個の立場に分かれる。邪馬台国が東方に勢力を伸ばしてやがて大和朝廷になったとする説と、邪馬台国は大和朝廷に併合されたという意見だ。前者は、「邪馬台国東遷説」と呼ばれる。

ところが、纒向遺跡が二二〇年頃に作られたことが明らかになったために、東遷説はほとんど成り立たなくなった。卑弥呼と同時代の纏向遺跡は、邪馬台国ではあり得ない。すると、邪馬台国は纏向遺跡を作った集団を倒して東遷したと見る他ないが、纏向遺跡は三世紀末から四世紀にかけてますます繁栄している。

もちろんある時期に纏向遺跡の支配者の交替があったことを物語る遺物は、見られない。

## 邪馬台国を睨む宗像と宇佐

邪馬台国の本拠地である筑後にある大社をあげろと言われると困ってしまう。朝廷が筑後の神社を重んじていないことは、邪馬台国と大和朝廷との断絶を雄弁に物語るものだ。

朝廷と縁が深い宗像《むなかた》神社や、宇佐八幡宮《うさはちまんぐう》は、邪馬台国と対立した豪族が祭ったものだ。

宗像神社は、朝廷支配下の航海民（海部《あまべ》）が祭ったもので、辺津宮《へつみや》、中津宮《なか》、沖《おき》津宮の三社から成る。古代には沖ノ島の沖津宮が最も重んじられていた。沖ノ島には、一号から二三号までの二三箇所の祭祀の跡があり、きわめて多くの祭器が出土した。四世紀後半の一七号遺跡では、二一面の銅鏡、一二本の刀剣が発見されてい

宗像神社

る。それは、同時期の北九州の古墳の出土品よりはるかに多い。

　宗像神社に祭られた田心姫《たごりひめ》、湍津姫《たぎつひめ》、市杵嶋姫《いつきしまひめ》（宗像三神）は天照大神と素戔《すさの》嗚尊《おのみこと》との誓約《うけい》の時に、尊の剣から生まれたという。大王家の祖先、天忍穂耳《あめのおしほみみの》尊《みこと》がこの時に大神の玉から誕生したと記されることから、宗像三神と大王家との関わりの深さがわかる。

　以上あげた事実は、朝廷が宗像の航海民を重んじたありさまを物語る。ところが、邪馬台国の時代には、宗像より南方の奴国や伊都国が、大陸との交易の中心になり、宗像は交易路から外されていた。

　宇佐八幡宮は、現在では応神天皇を祭

## 北九州の発生期の古墳

| 古墳名 | 所在地 | 形 | 全長 | 年代 |
|---|---|---|---|---|
| 那珂八幡古墳 | 福岡県福岡市 | 前方後円墳<br>（前期纒向型） | 72　m | 300 |
| 津生生掛古墳 | 福岡県小郡市 | 前方後円墳<br>（前期纒向型） | 32　m | 300 |
| 赤塚古墳 | 大分県宇佐市 | 前方後円墳 | 40　m | 310 |
| 原口古墳 | 福岡県筑紫野市 | 前方後円墳<br>（後期纒向型） | 86.4 m | 320 |
| 石塚山古墳 | 福岡県苅田町 | 前方後円墳 | 120　m | 320 |
| 銚子塚古墳 | 福岡県二丈町 | 前方後円墳 | 102　m | 330 |
| 忠隈古墳 | 福岡県飯塚市 | 円墳 | 35　m | 330 |
| 香椎ヶ丘古墳 | 福岡県福岡市 | 円墳 | 未調査 | 330 |

っている。しかし、古文書を見ると、かつては宗像三神がそこの主な祭神であったことがわかる。このことは、宇佐の首長が宗像から移住した航海民であったことを示す。朝廷はしばしば宇佐にも豪華な供え物をしている。

　このような朝廷と両者のつながりは、宗像と宇佐の首長が朝廷の北九州征圧に力を貸したことから生じたと思われる。

**発生期の古墳が邪馬台国を囲む**

三三〇年代以前の北九州の古墳を示すと、上の表のようになる。

　北九州で最も古い古墳は、福岡市那珂《なか》八幡《はちまん》古墳と福岡県小郡《おごおり》市津生《つしょう》生掛《おいかけ》古墳だ。いずれも三〇〇年前後のものだ。前者は博多湾岸に近い要地にあり、後者は、邪馬台国のすぐ北方に位置する。

かつて邪馬台国の勢力圏にあった地域の有力な首長が、次々に大和朝廷と結びついたのである。二六六年の台与の遣使後、わずか三〇年余りで、北九州の小国に対する邪馬台国の指導力が大幅に低下したのだ。

邪馬台国を後援する晋は、王族間の勢力争いや異民族の侵入で衰退に向かっていた。そのため、邪馬台国の交易権が動揺し始めたのだろう。

三一三年に高句麗が楽浪郡、帯方郡を滅ぼした。三一七年には、晋が異民族の侵入で黄河流域を失った（西晋から東晋への南渡）。このようにして邪馬台国が後援者をなくしたことが、大和朝廷の北九州征圧のきっかけになった。

三〇〇年代に入ると、邪馬台国に見切りをつけてより大きな勢力をもつ大和朝廷と結ぶ首長が続々出現した。津生生掛古墳を作った首長は、邪馬台国滅亡後の北九州の最有力豪族になった筑紫氏の祖先に当たる。彼は先見の明により、大きな勢力を得ることになったのだ。

### 邪馬台国攻撃路の完成

三一〇年頃には、宇佐市赤塚《あかつか》古墳が築かれた。それは本格的な前方後円墳だ。箸

赤塚古墳

墓古墳の発生は、大和朝廷の首長霊信仰を確立させた画期的出来事だが、宇佐の首長はそのわずか三〇年後に新たな信仰を取り入れたのだ。それをきっかけに、豊前《ぶぜん》、豊後《ぶんご》と大和朝廷との密接なつながりが始まった。

『日本書紀』には、そのことをうかがわせる伝承がある。景行《けいこう》天皇が九州征討に出向いたところ、神夏磯姫《かむなつそひめ》という首長がへさきに白旗を立てた船で天皇を迎えにきた。彼女は豊前の磯津山《しつのやま》（北九州市の貫山《ぬきやま》）の賢木《さかき》にかけた剣、鏡、勾玉をさし出し、奥地にいる鼻垂《はなたり》ら四人の賊を倒してほしいと願った。

この話は、早い時期に朝廷に従った豊前の豪族の伝承をもとに作られたものであろう。

宇佐の北方でも、全長一二〇メートルの福岡県苅田町《かんだ》石塚山古墳が作られた。また、宇佐の南には後に海部郡《あまべぐん》と呼ばれる地域がある。そこは、大和朝廷の水軍の根拠地であった。

三二〇年前後の福岡県筑紫野市《ちくしの》原口《はらぐち》古墳は、福岡平野から邪馬台国の本拠地の筑紫平野に通じる街道沿いにある。そういったことから見て、大和朝廷は三二〇年頃には邪馬台国攻撃の準備を終えていたことがわかる。

大和朝廷は、吉備の首長の協力のもとに水軍を編制して北九州に攻め寄せたのだろう。豊前、豊後の諸豪族の水軍が、それに協力した。彼らは、福岡平野の豪族を従えて、原口古墳、津生《つ》生掛《しょうおいかけ》古墳を作った豪族の先導で邪馬台国に攻めかかった。

こうなると、かつて邪馬台国の影響下にあった北九州の多くの小国は朝廷についたり、日和見《ひよりみ》を決めこんだりしたろう。そのため、邪馬台国はほとんど独力で大敵に当たることになって敗れたのだろう。

## 邪馬台国から奪った宝物の行方

『日本書紀』等は、邪馬台国との戦いに関する伝承を伝えていない。しかし、邪馬台国遠征軍の主力は、大王家と春日氏と木津盆地の豪族との連合軍であったと思われる。彼らの本拠地は、山の辺の道と奈良坂で一本に連なっている。

遠征軍の中心勢力は、それぞれ多くの戦利品を得た。木津盆地の首長が三二面の三角縁神獣鏡《さんかくぶちしんじゅうきょう》を、春日氏が中平《ちゅうへい》年間（一八四―八九）の銘をもつ鉄刀を手に入れたことは、考古資料からわかる。

三二面の三角縁神獣鏡を副葬していた京都府山城《やましろ》町椿井大塚山《つばいおおつかやま》古墳は、全長一八五メートルの大型古墳で三二〇年代に築かれたものだ。椿井大塚山古墳は、木津盆地の首長が四世紀初頭に大和朝廷と親密な関係にあったことをも物語る。

ところが、四世紀中葉以降の木津盆地には、大型古墳が見られない。山城南部を本拠地とする有力豪族も、文献に登場しない。椿井大塚山古墳を築いた豪族は、四世紀中葉に衰退したのだろう。

春日氏は三五〇年前後に、大和朝廷とのつながりを強めている。しかも、春日氏の同族である粟田《あわた》氏と小野《おの》氏は、山城に勢力を伸ばした。そういったことから、木津盆地の豪族は春日氏の圧迫で衰退したと考えられる。

中平銘の鉄刀は、春日氏の勢力圏にある東大寺山古墳から出土した。それは倭国大乱（一七八―八四）の直後に作られたものだ。そのため、後漢が大乱を治めた卑弥呼にそれを授けたと想定されている。当時の鉄製刀剣は、きわめて貴重であった。そのため、倭国王への賜与といった重大事がない限り、日本人は鉄刀を入手できなかったからだ。

春日氏は邪馬台国の宝物であった鉄刀を手に入れ、それを数十年間手許に保管した後に、古墳に納めたのだろう。

平成五年（一九九三）、神戸市西求女塚《にしもとめづか》古墳から三角縁神獣鏡七面、中国製銅鏡五面の計一二面の銅鏡が出土した。西求女塚古墳は、全長九五メートルの前方後方墳で、四世紀初頭もしくは中葉に築かれたものだ。

この古墳は、前出の椿井大塚山古墳より少し新しい。大阪湾沿岸を本拠とする首長が、朝廷の北九州征服に協力して宝器をもらい西求女塚古墳を作ったのであろう。その古墳が石上に多く見られる前方後方墳であることから、西求女塚古墳を残した集団は物部氏の配下にあったと考えられる。

## 北九州から全国への文化の広まり

大和朝廷は、邪馬台国の宝物を根こそぎ奪い去った。素環頭大刀《そかんどうたち》の分布は、それを明確に物語っている。

弥生時代の鉄製の刀剣の多くは五〇センチ以内の短いものだ。ところが、柄頭《つかがしら》に環状の飾りを付した中国産の素環頭大刀の中には、一メートルを超える豪華なものが見られる。魏は卑弥呼に「五尺刀」二本を贈っているが、それは素環頭大刀だとされる。魏の五尺は、約一一五センチになるからだ。

素環頭大刀は、三世紀までは周防《すおう》以西にしか見られず、北九州中心に分布する。特に、邪馬台国の本拠地に近い筑後川流域にある弥生時代の墓地からは四点もの大刀が出土している。

ところが、四世紀の前期古墳で発見された素環頭大刀は、明らかに「大和」を中心に広まっている。

大和朝廷は、宝器を奪っただけではなく、北九州の文化、習慣を多く取り入れた。支配下の首長に銅鏡を与える風習は、邪馬台国の交易品の分配を真似る形で始められた。さらに、大和朝廷が臣下に鉄製の刀剣を授ける風習も、邪馬台国が中国から中平銘の鉄刀や二本の五尺刀を下賜されたことにならったものだ。

大和朝廷は、三角縁神獣鏡の製作技術を得て銅鏡作りを始めた。邪馬台国のものほど良質な銅鏡はできなかったが、そのおかげで四世紀に仿製鏡《ほうせいきょう》と呼ばれる文様の粗い鏡が広まっていく。

## 北九州の豪族

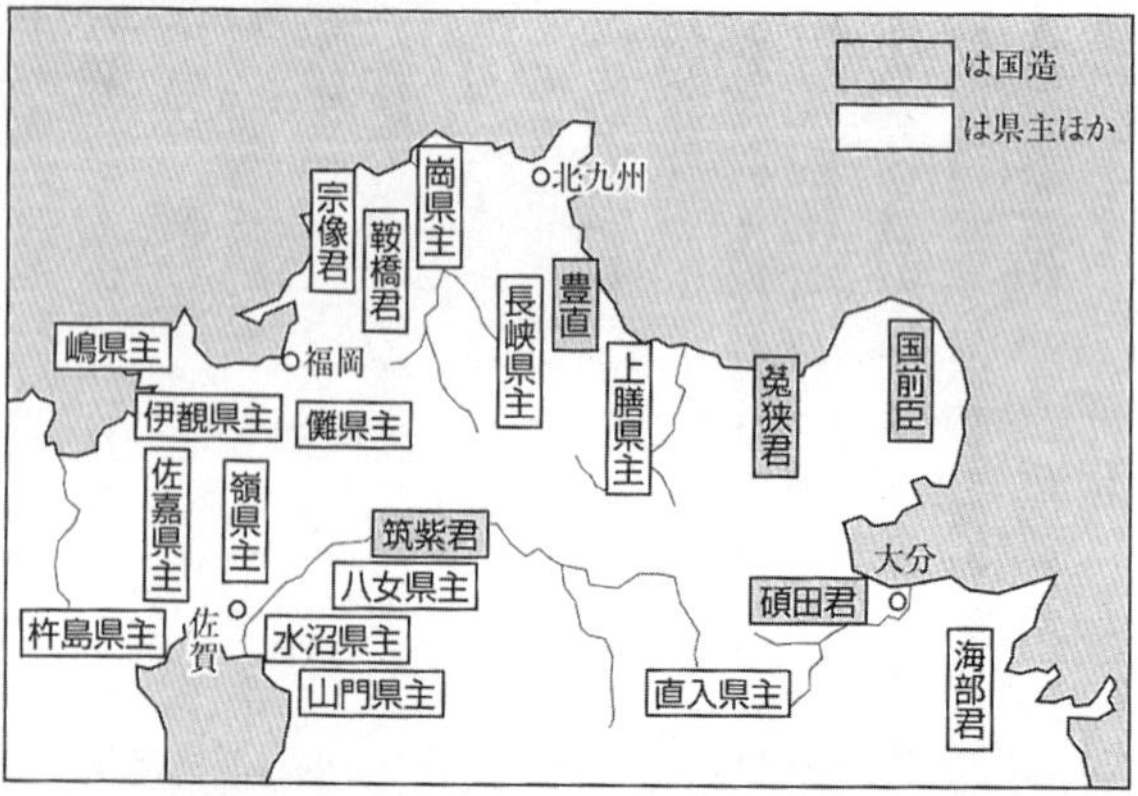


つまり、大和朝廷の邪馬台国征服のおかげで、銅鏡や鉄製の刀剣が急速に全国に広まり始めた。さらに、朝廷の出雲征服により剣神を祭る風習が普及するが、その詳細は「国譲りと出雲神宝」（一七〇頁）で述べよう。

### 邪馬台国滅亡後の九州

大和朝廷は、北九州を押さえて朝廷に反抗する豪族、いわば第二の邪馬台国が出ることを恐れた。そのため、中流豪族を競い合わせることにより、大勢力の成長を抑止したのだ。

北九州の豪族を示すと、上の図のようになる。一見してのちの一郡程度の領域を押さえる県主《あがたぬし》が多いことがわかる。

この中には、邪馬台国時代の小国の系譜をひく豪族がかなり見られる。奴国《なこく》が儺《なの》県主に、伊都国《いとこく》が伊覩《いと》県主、斯馬《しま》国が嶋《しま》県主、弥奴《みな》国が嶺《みね》県主になっている。一六一頁の表にあげた三三〇年頃築造された古墳も、かつての小国の領域にある。福岡県二丈《にじょう》町銚子塚《ちょうしづか》古墳は伊都《いと》国、同穂波《ほなみ》町忠隈《ただくま》古墳は不弥国《ふみこく》、福岡市香椎《かしい》ヶ丘《がおか》古墳は奴国に対応するものだ。

北九州の首長は、大和朝廷の支配下に入った後にも、積極的に先進文化に目を向けている。

四世紀の北九州に、朝鮮半島の陶質土器《とうしつどき》が輸入されている。それは、やや硬質の須恵器《すえき》風の土器だ。五世紀初頭には、福岡県筑前町小隈窯趾《おぐまようし》や同山隈《やまぐま》窯趾で、朝鮮半島の加耶《かや》土器にならった須恵器の生産が始まった。

また、その頃の北九州で曲刃《きょくば》形《がた》の鎌、鋤《すき》、馬鍬《まぐわ》といった農具が作られるようになる。それは、朝鮮の最新の鉄器にならったものだ。こういった新技術は、すぐさま大和に入って各地に広まっていった。

# 国譲りと出雲神宝

## 全国政権へ動き始める大和朝廷

大和朝廷は、四世紀初頭に北九州を押さえたことによって、日本統一に着実な第一歩を踏み出した。それは、大王が日本全体の代表としての外交権、交易権を得たことを意味する。彼は必要とあらばいつでも、邪馬台国の王に代わって「倭王」と名乗り中国と通交できるようになったのだ。

南蛮人（ヨーロッパ人）の来航までは、日本への文化の流入路は、中国からの一本の道だけであった。そのため、この重要な道に動揺が生じるたびに、日本国内に大異変が起きた。

中国人が朝鮮半島に侵入して紀元前二世紀初頭に衛氏《えいし》朝鮮《ちょうせん》を作ったために、それに追われた朝鮮半島の住民が日本に来て弥生文化を生み出した。隋《ずい》、唐《とう》の中国統一とその東進策が、聖徳太子の政治改革から大宝律令《たいほうりつりょう》制定までの一連の中央集権化の動きを惹き起こした。それらは、隋、唐に対抗し得る強力な政権を作るものであった。また、唐の衰退とともに、日本の中央集権体制が崩れ、荘園《しょうえん》制が進展して封建制を生み出した。それと同時に、日本固有の国風文化が形成されていく。元寇《げんこう》は、鎌倉幕府に大きな衝撃を与えた。そして、得宗《とくそう》専制政治、建武新政といった国防力再編のための新政権の模索が続けられ、室町幕府の成立によって、ようやく国内が安定した。

四世紀初頭以来、大陸文化は「大和」に直接入るようになる。そうすると、それまでの北九州を起点とした文化の流れが、「大和」からの交通路に沿う流れに変わる。日本列島各地の固有の文化も、中央からの文化の見返りとして「大和」に伝えられ、そこで大和朝廷の文化と融合した。

こうなると、各地の首長は、放っておいても先進文化を得るために大和朝廷に従うことになる。そのため、朝廷の日本統一は加速度的に進んでいった。

ところが、その時点で大和朝廷は早急に出雲《いずも》をその支配下に組み入れることを望んだ。そこに固有の高度な文化があったからだ。四世紀初頭には、そこは「大和」、北九州と並ぶ第三の文化圏を形成していた。

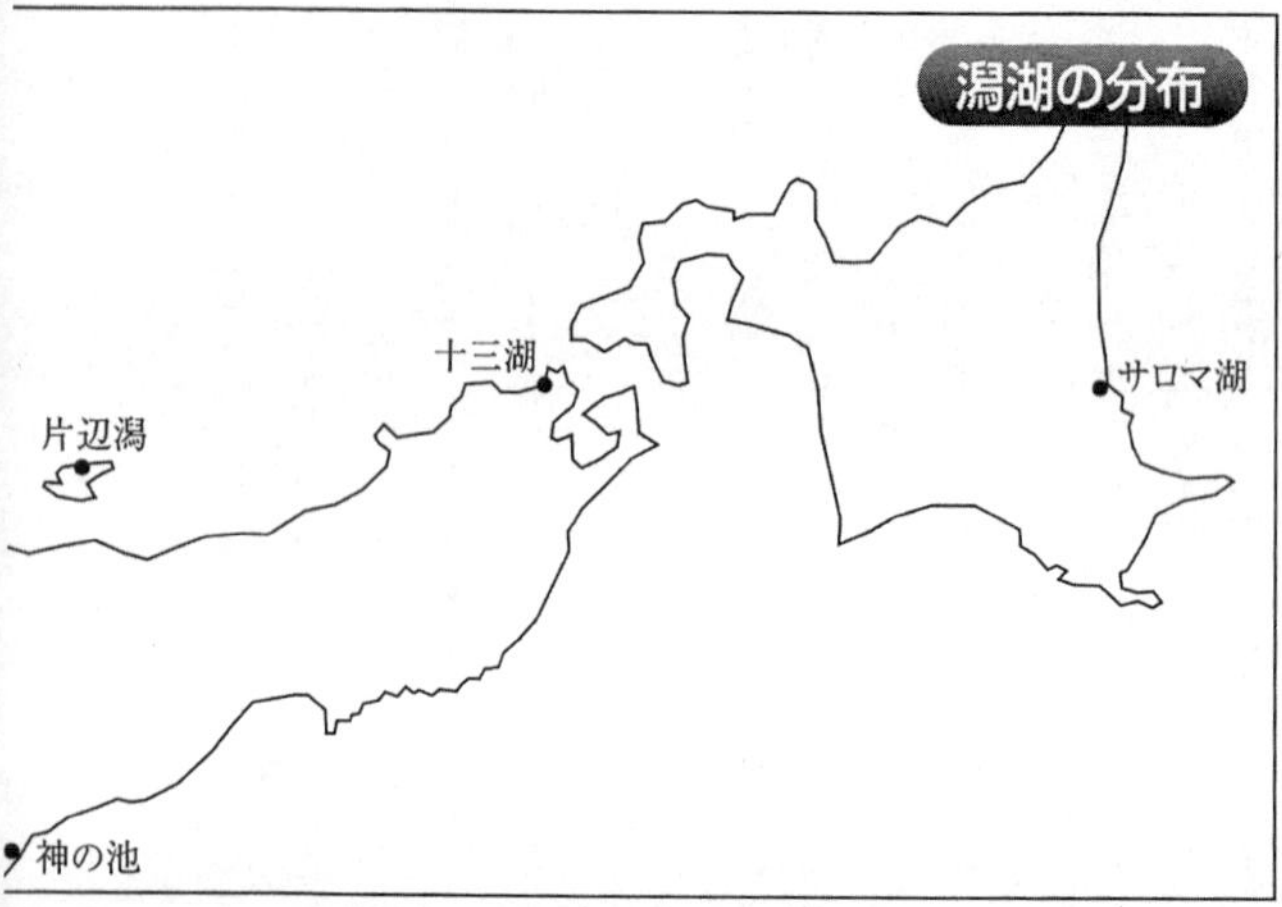


**日本海文化の核であった出雲**

出雲の文化は、一世紀中葉以来、急速に進展した。古代の出雲は日本海沿岸の航路の中心になっていたからである。

日本海沿岸には、自然の地形のままで良港になる潟湖《せきこ》と呼ばれる砂洲《さす》が多い。それは、出雲に特に集中する（上の地図参照）。しかも、波静かな中海《なかうみ》、宍道湖《しんじこ》も水上交通を促進し、神戸《かんど》川、斐伊《ひい》川、日野《ひの》川も海岸と内陸部をつなぐ交通路になる。

出雲の首長と九州の首長との交流をうかがわせる記事は多い。後（一八五頁）で紹介する出雲振根《いずものふるね》が所用で筑紫《つくし》に行ったとする『日本書紀』の伝承や、宗像《むなかた》三

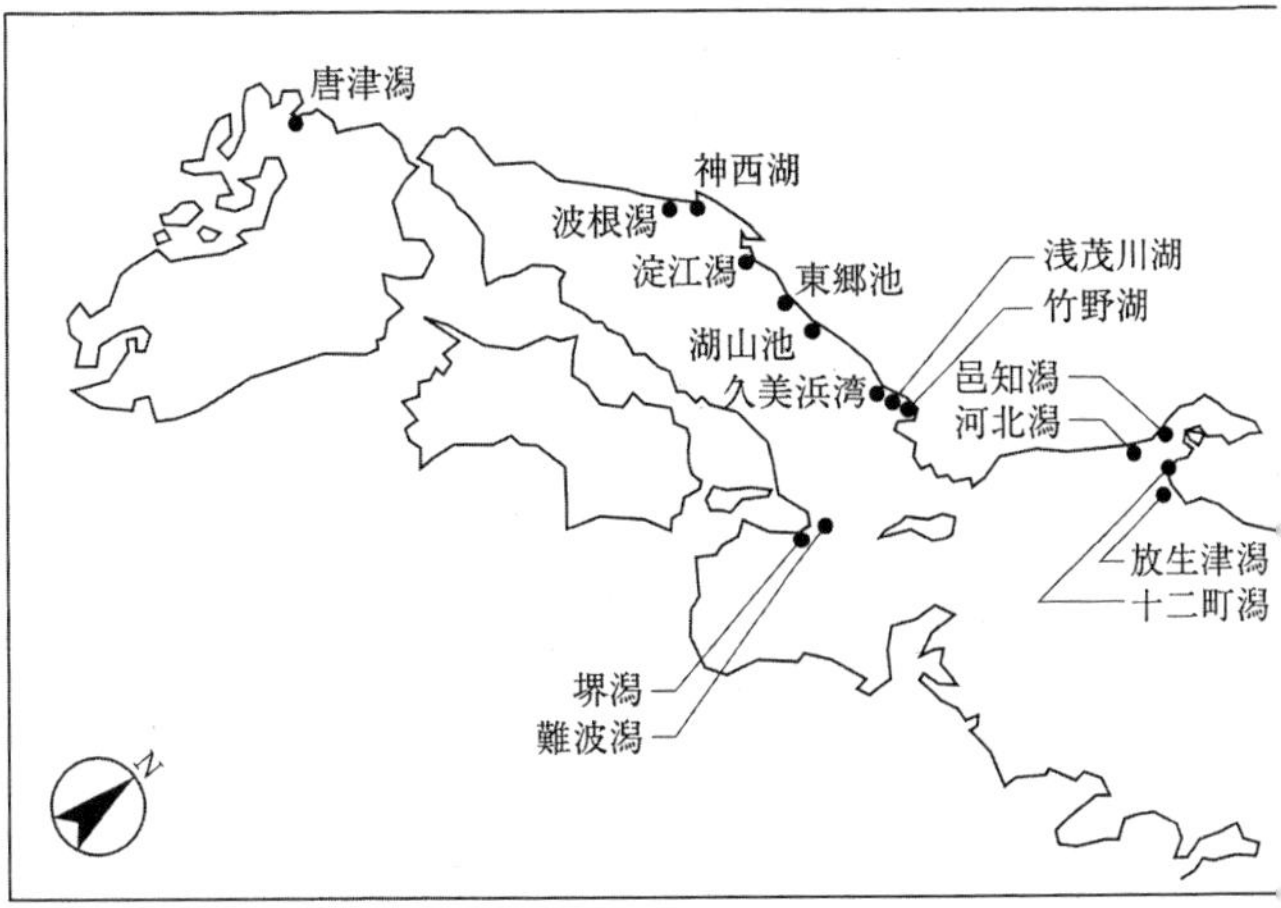


神を出雲系の素戔嗚尊《すさのおのみこと》の娘として扱う神話がそれだ。

七世紀中葉までは、越前から越後までの北陸地方はまとめて「越《こし》」と呼ばれていた。出雲と越との関係も深い。素戔嗚尊は越の八岐大蛇《やまたのおろち》を退治し、大国主《おおくにぬしの》命《みこと》は越の沼河比売《ぬなかわひめ》を妻に迎えたとされる。こういった日本海航路上の国々と出雲とのつながりを挙げていくと、きりがない。

弥生時代の開始とともに、北九州の稲作が出雲に伝わった。島根県出雲市原山《はらやま》遺跡や松江市石台《いしだい》遺跡から、北九州の初期の稲作を担った集団が用いた遠賀川式《おんががわしき》土器が出土している。

弥生時代中期初頭までの出雲の文化

荒神谷遺跡の358本の銅剣　（写真提供：島根県古代文化センター）

は、北九州のものと連動していた。しかし、弥生時代中期中葉（一世紀中葉）に、出雲独自の文化の発生を物語る凹線文《おうせんもん》土器が出現した。それは、平行する数条の凹線で甕《かめ》や高杯《たかつき》の口縁部を飾ったものだ。そのころ、近畿地方にも小国が芽生えていた。

それから約一〇〇年で、古代出雲の文化は全盛期を迎えた。島根県斐川《ひかわ》町荒神《こうじん》谷《だに》遺跡の大量の銅剣は、それを物語るものだ。

**三五八本の銅剣は出雲の豪族の団結を示す**

荒神谷遺跡で大量の銅剣が出土したことは、戦後最大の発見と新聞紙上を賑わ

## 358本の銅剣の意味

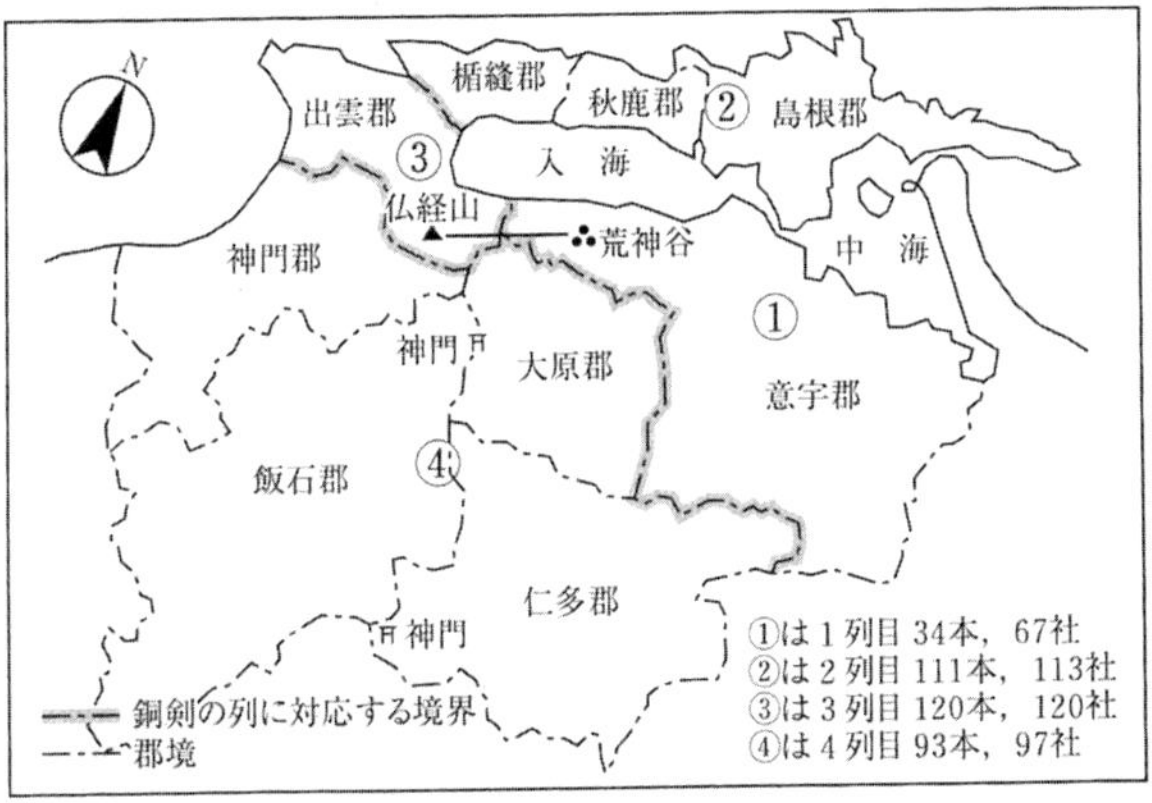


した。

何しろ三五八本もの銅剣が出たのだから、大事件だ。荒神谷遺跡が発掘された昭和五九年（一九八四）までに、全国で出土した銅剣の数は三〇〇本程度にすぎない。荒神谷遺跡を除いて最も多くの銅剣が出土した遺跡を探すと、兵庫県南あわじ市古津路《こつろ》遺跡になる。しかし、そこの銅剣の数は、一一三本にすぎない。このことから見ても、荒神谷遺跡の銅剣がきわめて特殊な例であることがわかる。

三五八本の銅剣は、二世紀中葉に作られた中細形銅剣で、きっちり四列にまとめられて箱に納められていた。銅剣はすべて同型で、製造後まもなく埋められたものだ。また、それを四列に整理することに、大きな意味がある。

奈良時代の地誌、『出雲国風土記《いずものくにふどき》』は古代の出雲の神社の数を伝えている。島根半島にあった島根《しまね》、秋鹿《あいが》、楯縫《たてぬい》の三郡には一一三社、出雲郡には一二〇社、出雲国南西部の神門《かんど》、飯石《いいし》、仁多《にた》、大原《おおはら》の四郡に九七社あったという。二列目の銅剣の数一一一本、三列目の一二〇本、四列目の九三本が、それぞれの三個の地域の神社数に対応する。

一列目の三四本の銅剣は、意宇《おう》郡のものだ。『出雲国風土記』は六七社が意宇郡にあったとする。しかし、その中には国衙《こくが》（国司が政治を行なう役所）が意宇郡に置かれたために新たに作られた神社も多い。出雲各地から朝廷とのつながりを求めて国衙の近くに移住してきた豪族たちが、自家が祭る神社の分社を意宇郡に作ったからだ。

意宇郡と出雲郡は、荒神谷遺跡の時代から後世まで出雲の二大中心地だった。そのため、その二地域の銅剣が特別扱いされたのだ。島根郡等の三郡（二列目）は意宇郡（一列目）と縁が深く、神門郡等（四列目）は出雲郡（三列目）と強い関係をもっていた。

荒神谷遺跡は、出雲の諸豪族が銅剣祭祀を通じて一個のまとまりを作っていたことを物語る。彼らの団結の中心になったのが、政治を扱う意宇郡の出雲《いずも》氏と、祭祀に当たる出雲郡の神門《かんど》氏だった。荒神谷は、神門氏の勢力圏の中の、聖地とされる仏経山の近くにあった。

## 出雲の先進性を物語る加茂岩倉遺跡

平成八年（一九九六）に、荒神谷遺跡の発見に匹敵する衝撃的事実が明らかになった。島根県雲南市加茂岩倉《かもいわくら》遺跡から三八個の銅鐸がまとまって出土したのである。

それまで一遺跡から出土した銅鐸の数の最大のものは、二四個であった。それは、滋賀県野洲《やす》市大岩山《おおいわやま》遺跡で記録されたものである。加茂岩倉遺跡以前で全国で発見された銅鐸の数は約四七〇個であるから、その約八パーセントが加茂岩倉遺跡で見つかったことになる。

銅鐸は、農道の工事中に偶然発見された。それらは、約八メートル四方の範囲に鰭《ひれ》（横の部分の張り出し）を下に向けて、ほぼ密着した状態でならべられていた。大型の銅鐸の中に小型の銅鐸を納めた形で埋めたものが、七組一四個あった。銅鐸の年代は、二世紀中葉もしくは末で、それらは荒神谷遺跡の銅剣より多少新しい時期のものだと考えられる。

加茂岩倉遺跡が、古代の出雲の中で重要な位置にあったとは思えない。遺跡の近くに、矢櫃《やびつ》神社がある。それは、昭和三九年（一九六四）の洪水で拝殿を失い、神の宿る磐座《いわくら》という巨石だけを残す形になっている。

銅鐸は、古代人のその磐座のまつりに用いられたものだと見られる。荒神谷遺跡は出雲全体にかかわる祭祀の跡だが、加茂岩倉遺跡の銅鐸は、磐座をまつるその土地の首長だけの持ちものだったと思われる。

ゆえに、今後も出雲のあちこちで加茂岩倉遺跡程度の銅鐸祭祀の遺跡が出てくる可能性が大きい。

荒神谷遺跡でも銅剣出土地点の七メートル東方から、銅鐸六個と銅矛一六本が出土している。それは、出雲全体に関わる祭祀に用いたものでなく、荒神谷を治める首長の持ちものであったろう。

加茂岩倉遺跡出土の銅鐸の中に、近畿地方や山陰地方のあちこちで出土した銅鐸と同じ鋳型で作られたものがある。そのことから、日本海航路と陸路を用いた出雲から大和に至る広い範囲の交易が盛んだったありさまがわかる。

大和朝廷成立以前の大和や河内の人びとは、二世紀中葉から末にかけて当時先進地であった出雲から多様な文化を受容したのであろう。そして、そこに吉備の文化をもつ移住者が来て大和朝廷を起こした。ゆえに、朝廷はその成立当初から出雲、吉備と強いつながりをもっていたといえる。

## 銅剣はもとは大国主命そのものだった

出雲の銅剣は、神そのものであった。神々が毎年十月に大国主命《おおくにぬしのみこと》の指令で出雲に集まって縁結びを決定するという伝承は、御神体となる銅剣を出雲郡の聖地、仏経山麓に集めた二世紀の祭祀に由来するものだ。

仏経山は、『出雲国風土記』に「神名火山《かんなびやま》」つまり「神の山」として出てくる。次頁の地図に示したように、出雲郡の主要な古墳はすべて仏経山をよく見わたせる位置に作られている。それは、出雲郡の豪族が仏経山を重んじたありさまを物語る。

剣神の信仰は、出雲文化を特徴づける習俗だ。前に紹介した石上《いそのかみ》神宮の剣神の信仰は、出雲平定の時に取り入れられたものだ。

大王家の三種の神器の中に、草薙剣《くさなぎのつるぎ》がある。素戔嗚尊《すさのおのみこと》が八岐大蛇《やまたのおろち》を退治した時に、蛇の尾からそれを取り出して天照大神に献上したといわれる。この話は、剣神を祭る出雲氏が朝廷に服属したことを象徴する。

## 仏経山と古墳

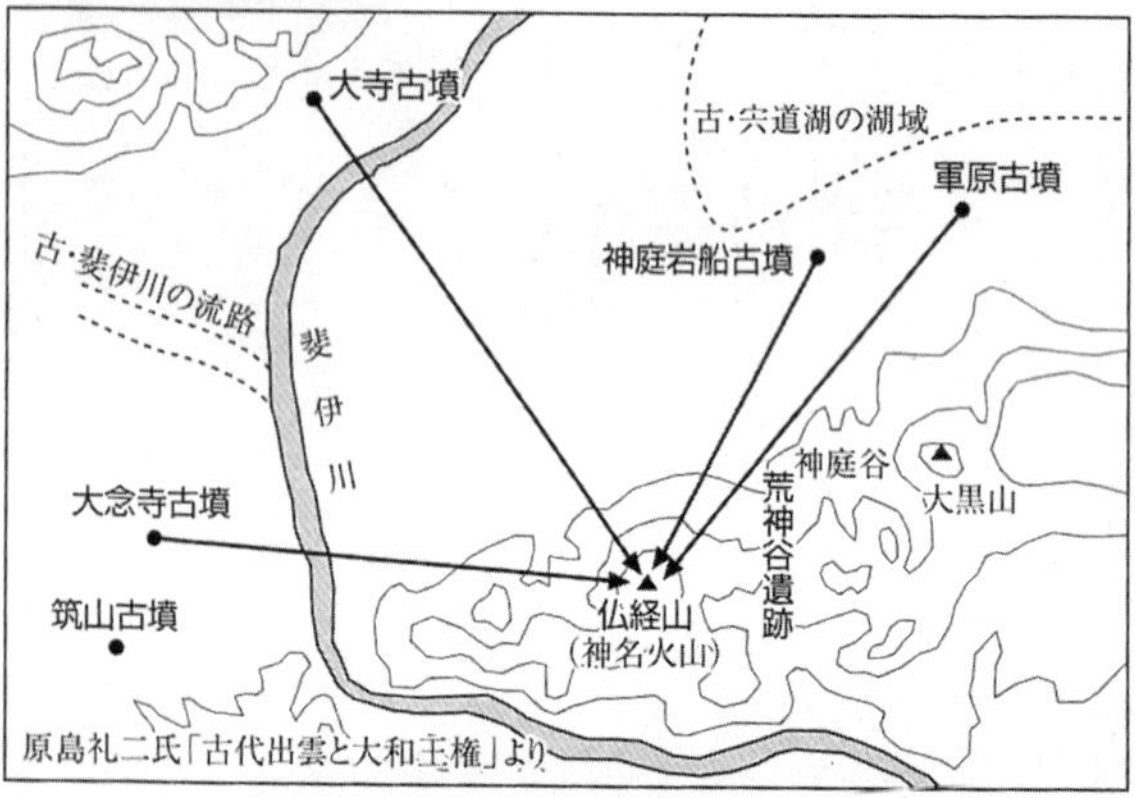

原島礼二氏「古代出雲と大和王権」より

大王家は剣神の祭祀を取り入れたが、剣神を自己の神の下位に置いた。そのため、三種の神器の中で、八咫鏡《やたのかがみ》が最も重んじられたのだ。

「吾が児、此の宝鏡を視まさむこと、当《まさ》に吾を視るがごとくすべし。与《とも》に床を同じく殿を共にして、斎《いわい》の鏡《かがみ》とすべし」

天照大神のこの言葉が『日本書紀』に出てくる。銅鏡を御神体（神の依り代）とする発想は、北九州から朝廷に受け継がれたものだ。

**吉備の文化が山を越えて出雲に浸透した**

荒神谷遺跡の年代は、卑弥呼の時代の

## 四隅突出型墳丘墓分布図

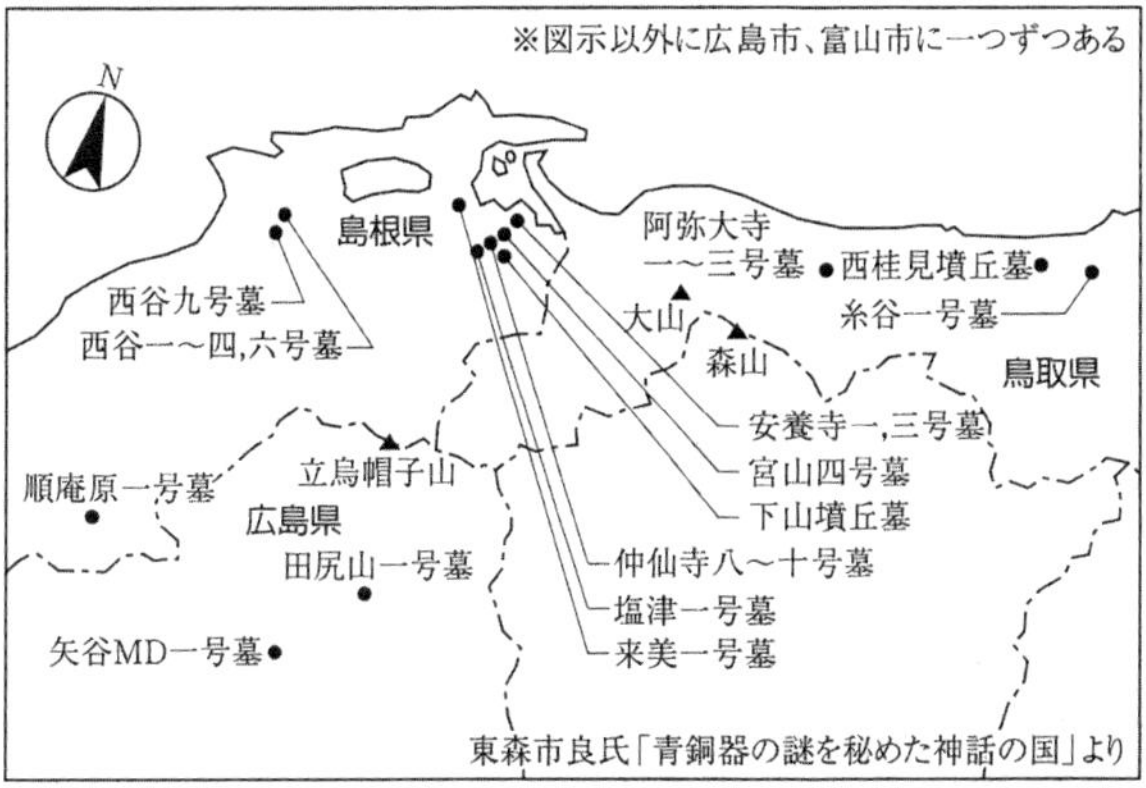

東森市良氏「青銅器の謎を秘めた神話の国」より

二、三〇年前で、伊都国王帥升の後漢への通交の約五〇年後に当たる。伊都国が全盛を誇り周辺の小国を従えていた時、出雲氏と神門氏の連合は、出雲国内の小国をまとめ、さらに、日本海航路を用いて各地と積極的に交易を行なったのだ。

吉備の文化が繁栄するのは、その約二〇年後の二世紀末で、古代都市「大和」の形成は荒神谷遺跡の七〇年程後だ。そのことは、北九州の先進文化が、まず日本海沿岸に広がり、次いで瀬戸内海航路を用いて各地に伝えられたことを物語る。

ところが、三世紀初頭になると、吉備の文化が出雲に流れ込みだした。多くの四隅突出《よすみとっしゅつ》型墳丘墓（墳丘を平らにして埋

## 4世紀の出雲の主要な古墳

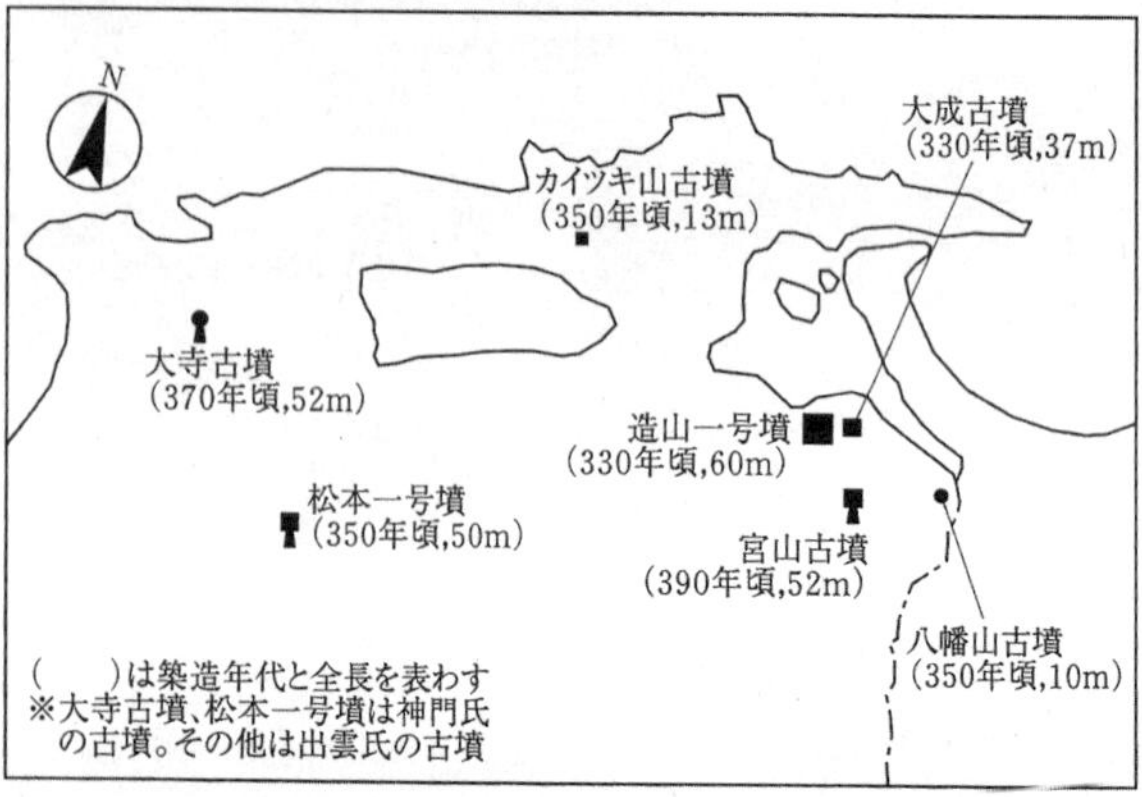


葬施設を作り、四方に参道を設けた墳丘墓）が、三世紀の出雲に出現した。それは、吉備の墳丘墓にならって作られたものだ。さらに、吉備特有の特殊器台と特殊壺がそこから出土することもある。

前頁に示したように、四隅突出型墳丘墓は出雲氏の勢力圏に最も多く見られる。また、上にあげた安来《やすき》市造山《つくりやま》一号墳、同市大成《たいせい》古墳といった発生期の古墳も、すべて意宇《おう》郡にある。

『出雲国風土記』に国引きの話がある。大国主命の祖父にあたる八束水臣津野《やつかみずおみつのの》命《みこと》が、出雲は、

「初国小さく作れり、故《かれ》、作り縫わな」

と言って、あちこちの土地を切り取ってもってくる伝説だ。八束水臣津野命が

引いて来た土地は、島根《しまね》、秋鹿《あいが》、楯縫《たてぬい》の三郡に出雲郡の一部を加えた範囲だとされる。

つまり、朝廷が重んじた出雲大社の祭神の祖父である格の高い神が出雲の国を築いたというのだ。国引きの話は、「この国は俺たちが作ったものだ」とする出雲氏の誇りを伝えるものだ。

## 荒神谷を押さえる一族

荒神谷は、出雲郡健《たける》部《べ》郷にある。そこは、神門氏の勢力範囲だった。『出雲国風土記』は、景行天皇が神門古禰《かんどのふるね》を健部にしたので、健部氏がここに住むようになったという。健部（「武部」とも書く）は大泊瀬幼武《おおはつせのわかたけ》（雄略天皇）の領地を管理する役目だ。神門古禰は、一八五頁で紹介する『日本書紀』の記事には、出雲振根として出てくる。

また、『出雲国風土記』は、神門氏の起こりに関する興味深い話を伝える。神門伊《い》加曾禰《かそね》が神門を出雲大社に献納したために、神門の地名が起こったというものだ。

神門は、出雲大社の神領国の入口を示す鳥居状の「神の門」だ。それは、飯石《いいし》郡三屋《みや》郷と仁多《にた》郡の御坂山《みさかやま》に置かれていた。一七五頁の地図から、それが出雲を東西に分断する位置にあることがわかる。しかし、それは荒神谷の銅剣が示す神門氏の勢力圏である大原郡と仁多郡の東辺を結ぶ線よりはるかに西方にある。そのことから、神門は神門氏の勢力が衰退しつつある時期に置かれたと考えられる。

しかし、出雲氏は神門氏と対立していたのではない。両氏が同祖関係を主張していることは、両者の親密さを示す。平安初期の貴族の系譜を集めた『新撰姓氏録《しんせんしょうじろく》』の中に次の記事がある。

「出雲臣　天穂日命《あめのほひのみこと》の十二世の孫、鵜濡渟命《うかづくぬのみこと》の後なり。神門臣　上に同じ」

神門氏は出雲の多数の豪族の中で特に朝廷が重んじた出雲氏と親密な関係にあったので、ここに記されているのだ。出雲の東端の意宇郡と西北端の出雲郡とが、海岸部の街道沿いの地点で境を接することも重要である。

荒神谷周辺を本拠地とした神門氏は、二世紀前半に海岸沿いに勢力を伸ばしていった。そして、自家の分家にあたる出雲氏に出雲東部の自領の管理をまかせるようになったのだろう。

しかし、出雲氏は三世紀初頭以来、吉備氏や大和朝廷と結んで勢力を伸ばした。やがて、出雲氏が神門氏をその支配下に取り込んで、出雲大社の祭祀もその手中に収めた。

## 国譲り神話の原形になった出雲の神宝の献上

『日本書紀』は、大和朝廷の出雲平定に関する次の話を伝える。

崇神天皇が、出雲氏の神宝を見たいといって物部氏の同族の武諸隅《たけもろすみ》を出雲振根《いずものふるね》のもとに送った。神宝を管理していた振根は筑紫に出掛けていたので、弟の飯入根《いいいりね》が神宝を差し出した。振根は帰ってそれを知るや、直ちに飯入根を殺してしまった。その時、大王は飯入根の近親の求めによって吉備津彦《きびつひこ》と武渟川別《たけぬなかわわけ》を送って振根を討伐した。

　大和朝廷の勢力が出雲に及んだ時に、出雲の豪族は親朝廷派と反朝廷派に分かれたのだろう。そして、出雲氏を中心とする前者が、朝廷の助力を得て後者の神門氏の一部を討ったのだろう。神門氏の中には最初から朝廷に従った者もおり、彼らは神門、健部両氏に分かれて存続した。神宝の上覧はその時に始まったと思われる。

　出雲氏が銅鏡、銅剣等の「五種神宝」を天皇に差し出す行事は、朝廷で長く受け継がれた。物部氏は、その行事の主催者になっている。

　さらに、素戔嗚尊が八岐大蛇を斬った布都斯御魂《ふつしみたま》という宝剣は、石上神宮に納められている。そのことは、朝廷が剣神を祭る物部氏に出雲支配に関わるかなりの職務を委ねたことを示している。

神門氏は後に自家の一族に大王に反抗した者がいた事実を嫌って、神門古禰《かんどのふるね》が自ら朝廷に従って健部になった話を作った。

朝廷の出雲制圧は四世紀中葉のことだ。それは、物部氏がその時期に出雲系の神剣の祭祀を受け入れていることからわかる。また、一八二頁の図に示したように、出雲氏は当初は、独自の形をとる方墳や吉備文化の影響の強い前方後方墳を作っていった。ところが、三七〇年頃に「大和」の古墳にならった前方後円墳が出現した。この事実も、大和朝廷の出雲征服に対応するものだ。

大国主命が天照大神の子孫に地上の支配を差し出す国譲りの神話は、六世紀中葉頃に整えられたものだ。それは、大王の祖先とされる首長霊信仰に基づく天神《あまつかみ》を、祖霊信仰による国神の上に位置づけるために作られた。かつて出雲に有力な文化圏があったとする記憶があったので、大国主命が国神の代表とされたのだ。

また、国譲りの話には、建御名方神《たけみなかたのかみ》と武甕槌神《たけみかづちのかみ》の力競べの場面がある。大国主命の子の建御名方神は、天照大神の使者、武甕槌神と争うが、建御名方神が摑んだ武甕槌神の手が剣になったために、建御名方神は敗れてしまう。

武甕槌神は朝廷が祭る剣神だ。彼が布都御魂《ふつのみたま》という神剣を投げ落として神武天皇を救う伝承もある。建御名方神は、出雲土着の武芸神だ。朝廷の剣神がすでに剣の祭祀の本元の出雲の剣神より上位のものとされていたため、このような話が作られたのであろう。

# 日本武尊、吾妻国を征す

## 吾妻国の三つの入口

大和朝廷は、三本の道を用いて東方に進出した。東海道《とうかいどう》、東山道《とうさんどう》、北陸道《ほくりくどう》である。

東方の未開の地は、「吾妻国《あづまのくに》」と呼ばれた。もとは尾張《おわり》、三河《みかわ》、美濃《みの》に広がる濃尾平野を越えると、その先が吾妻国になった。『万葉集』の東国の防人歌《さきもりのうた》が信濃《しなの》、遠江《とおとうみ》以東の者が詠んだ和歌から成る事実は、それを物語っている。

濃尾平野を押さえる大豪族である尾張氏は当初から朝廷と親密な関係をもっていた。そのため、尾張氏の勢力圏を外れたところを未開地とする発想が生まれたのだ。

尾張氏が東海地方の水上交通を把握したおかげで、朝廷の勢力は三世紀末以来、東海道沿いに着実に伸びていった。朝廷は四世紀末には、東海地方の大部分と南関東の一部を勢力下に収め、五世紀初頭には、関東地方の太平洋沿岸を常陸《ひたち》に向かって進出していった。

ところが、東山道と北陸道に対する朝廷の支配は、それより大幅に遅れた。一方では朝廷と密接なつながりをもつ豪族がおり、もう一方では「大和」の文化を受け容れない豪族がいる状態が長く続いたのだ。

上野《こうずけ》、下野《しもつけ》を擁する毛野《けの》氏が、四世紀末に積極的に朝廷に近づいてきた。そのおかげで、東山道への朝廷の影響力は強まったが、朝廷は、五世紀末までかけてようやく東山道の諸豪族を支配下に収めた。

朝廷の勢力伸長を助けた有力豪族は、北陸道には見られない。そのため、朝廷は六世紀末になって初めて北陸道を手中に収めることになった。

このように、「大和」から東国に連なる三本の道に対する朝廷の支配は、道ごとにそれぞれ異なる時期に確立したのだ。

平安時代に作られた『倭名類聚抄《わみょうるいじゅうしょう》』という国語辞典は、「辺鄙」という漢語に「あづま」のよみを付している。大和朝廷の人びとが、東国を蔑《さげす》んで「あづま」と言ったのだ。平安貴族が東国武士を「あづまえびす」と呼ぶ用法は、それに連なるものだ。

『常陸国風土記《ひたちのくにふどき》』等の奈良時代の文献は、東山道の碓氷《うすい》と東海道の足柄《あしがら》以東を坂東《ばんどう》すなわち吾妻《あづま》と呼ぶ。その範囲は、関八州、今の関東地方に相当する。

**尾張氏と伊勢湾の水軍を使った大和朝廷**

尾張には、大和朝廷に従う水軍の根拠地であった海部郡《あまべ》がある。また、尾張氏の別姓を海部という。そのことは、尾張氏が伊勢湾岸の水軍の首長であったことを示す。

尾張氏が祭った熱田神宮は、海部郡の東方にある。そこでは、三種の神器の中の草薙剣《くさなぎのつるぎ》が祭られている。

尾張氏の神剣信仰は、物部氏のものを取り入れて作られたものだ。

もともと尾張氏は物部氏の同族とされていた。尾張氏の古い系譜を伝える『先代《せんだい》旧事本紀《くじほんぎ》』は、尾張氏の祖先の高倉下《たかくらじ》を、物部氏の祖先、宇麻志麻治命《うましまちのみこと》の兄とする。磐余彦《いわれびこ》（神武天皇）の一行が熊野で怪しい熊の呪力のために倒れた時、高倉下は、武甕槌神《たけみかづちのかみ》が地上に降した布都御魂《ふつのみたま》という神剣を得て磐余彦に献上した。剣を得た磐余彦はたちまち元気を回復したという。その縁で、布都御魂は後に物部氏によって石上神宮で祭られることになったといわれている。

各地の国造《くにのみやつこ》はたいてい、臣《おみ》、君《きみ》、直《あたい》の姓《かばね》を名乗るのに、尾張国造の尾張氏だけが例外的に連《むらじ》の姓《かばね》をもっていた。そのことは、尾張氏が物部氏と同祖とされたことから生じた。

尾張氏が四世紀中葉から末にかけて物部氏とともに朝廷の東方経営に当たったために、両氏を同祖とする系譜が作られたのだ。その時、尾張氏は物部氏の布都御魂の祭祀にならって、剣神を祭るようになった。

## 海彦、山彦に兄弟がふえたわけ

尾張氏は、物部氏の同族とする系譜の他に、天照大神の孫にあたる瓊々杵尊《ににぎのみこと》の子の火明命《ほのあかりのみこと》の子孫とする系譜をもっている。

瓊々杵尊の子には、火明命の他に、火闌降命《ほすそりのみこと》と彦火々出見尊《ひこほほでみのみこと》がいる。前者の別名を海幸彦《うみさちひこ》、後者の別名を山幸彦《やまさちひこ》といい、二人は海彦山彦神話の主人公だ。

海彦が山彦の兄でないと、意地悪な兄と善良な弟が出てくるその話は成り立たない。そこで、火闌降命は常に彦火々出見尊の兄とされる。ところが、火明命と他の二人の関係は、史書ごとにまちまちだ。二人の兄とするもの、二人の中間子とするもの、二人の弟とするもの、考えられるすべての形の系譜が残されている。

しかも、不思議なことに、火明命の事跡は神話には全く見られない。尾張氏が自家の祖先を高倉下《たかくらじ》から火明命に変えて、それを強引に瓊々杵尊の子の世代の系譜に割り込ませたからそうなったのだろう。

尾張氏と物部氏とのつながりは、火明命の創出より古い。物部氏が六世紀末に蘇我氏と争って衰退したために、尾張氏は物部氏との関係を断とうとして、火明命を祖先とする系譜を作ったのだ。

次頁に示したように、東海地方の国造の多くが、物部氏の同族と名乗っている。参河《みかわ》、遠淡海《とおつおうみ》、久努《くぬ》、珠流河《するが》、伊豆《いず》の諸国造がそれに当たる。物部氏の同族でないのが、穂《ほ》、素賀《そが》、廬原《いおはら》の三国造だ。

東海地方の国造は、いずれも小規模な領域を治めるものにすぎず、東海地方には特に有力な古墳はない。東海地方に朝廷に反抗するだけの勢力をもつ豪族がいなかったのだろう。

東海地方の銅鐸が見られなくなるのが四世紀初頭だ。それからまもない、四世紀中葉から末に当たる時期に、東海地方の諸豪族は、次々に物部氏に従っていった。

甘粕健・久保哲三氏「関東」（『日本の考古学』Ⅳ）より

## 早い時期に大和朝廷を迎えた関東の毛野氏

関東の国造の分布（前頁）を見ると、興味深い事実に気づく。上野、下野に有力豪族、毛野氏がいるのに、それ以外の地域には細かい領地を治める国造が分立していることだ。

四世紀初頭から中葉にかけての関東には、わずかながら古墳が見られる。そして、四世紀末、毛野の中心地に全長一三〇メートルの前橋市八幡山《はちまんやま》古墳と全長一二六メートルの同天神山《てんじんやま》古墳が出現した。そのことを契機として、四世紀末から五世紀初頭にかけて関東全域に古墳が広まった。つまり、毛野氏とつながったことによって、朝廷の関東地方に対する支配は一挙に完成したのだ。

大和の纒向《まきむく》遺跡には、東京湾岸の土器は搬入されているが、毛野のものは見られない。毛野の首長は、大和朝廷の本拠地が「大和」から河内に移る五世紀の直前に、朝廷に従い大型古墳を作るようになったのだろう。

天神山古墳には、箸墓古墳の壺形土器に似た埴輪が巡らされ、五面の三角縁神獣鏡が納められている。それは、ことさら「大和」の発生期の古墳を模して作られているのだ。また、毛野氏は自家の祖先を崇神天皇の子の豊城命《とよきのみこと》だと唱えた。つまり、自家の系譜を草創期の大和朝廷に結びつけていたのだ。

四世紀末の大和朝廷は、武力優位の時代を迎えつつあった。ところが、毛野ではまだ祭祀権だけに基づく支配が可能だった。そのため、毛野氏は朝廷のもつ呪力を求め、首長霊信仰を唱えて支配を拡大した初期の大王になぞらえて、自家の勢力を拡大したのだろう。

朝廷は五世紀には朝鮮半島での活動に忙しかった。そのため、関東の支配をある程度まで毛野氏にまかせていた。

そこで、関東の小豪族は、朝廷に属しつつ毛野氏の指導も受ける形をとった。そのために、関東南部の古墳から毛野特有の鈴鏡《れいきょう》や石製模造品（祭器等を象《かたど》ったもの）が出土する（一九三頁）。

五世紀になると、大型古墳が群馬県南東部に広まった。前橋市天神山古墳のある広瀬《ひろせ》川流域には同後閑《ごかん》一〇四号墳、同山王大塚《さんのうおおつか》古墳、烏《からす》川流域には高崎《たかさき》市浅間山古墳、同大鶴巻《おおつるまき》古墳ができる。石田《いしだ》川流域には太田《おおた》市茶臼山《ちゃうすやま》古墳、蛇《へび》川流域には太田《おおた》市太田天神山《てんじんやま》古墳が築かれた。

このことは、毛野氏が利根川の支流ごとに分家を生み出しつつ発展していったことを物語っている。

## 千葉と埼玉で出た二本の鉄剣が語るもの

五世紀中葉になると、南関東の豪族は朝廷と毛野氏との二重支配を嫌い、朝廷の一元的統治を求め始めた。

千葉県市原市稲荷台《いなりだい》一号墳から出土した鉄剣は、そのことを物語っている。それには、次のような銘がある。

「王□□を賜ふ。敬《つつし》んで安んぜよ。此の廷刀は□□□」

読めない字が多いが、この銘文は「王が剛刀を与える。大切にせよ。この官が与える刀は災いを退けるものだ」といった意味になる（□で囲んだ部分は推定）。

稲荷台一号墳は、五世紀中葉の円墳で、直径二七・五メートルとかなり小さい。それは、一二七頁に紹介した神門三号、同四号、同五号の三基の纏向型前方後円墳と同じ国分寺台の台地上にある。四世紀初頭に早々と大和朝廷と結びついた豪族の子孫が稲荷台一号墳を作ったのだ。

稲荷台一号墳のある下総《しもうさ》国市原《いちはら》郡には、古代には刑部《おさかべ》を姓とした人物が多かった。そのことは、国分寺台が「刑部」と呼ばれる允恭《いんぎょう》天皇の后の忍坂大中姫《おしさかのおおなかつひめ》の領地だったことを示す。大中姫は都祁国造《つげのくにのみやつこ》を稲置《いなき》に落とした人物で、稲荷台一号墳の被葬者と同世代に属す。国分寺台の豪族が大中姫に仕えた功績によって、鉄剣を授けられたのだろう。

埼玉県行田市稲荷山古墳《ぎょうだいなりやま》は、全長一二〇メートルの前方後円墳で、武蔵国《むさし》で第三位の規模を誇るものだ。そこからも、銘文をもつ鉄剣が出土した。銘文は、乎獲居臣《おわけのおみ》という者が獲加多支鹵大王《わかたける》（雄略天皇）の杖刀人《たちはきのとも》（親衛隊）の首《かしら》として働いたことを誇らしく記している。また、乎獲居臣は、自分は四道将軍伝説に出てくる阿倍氏の同族だと主張する。そのことは、五世紀に阿倍氏が関東経営に活躍したことを示すものだ。

南関東の豪族が積極的に朝廷に接近する動きは、毛野氏を圧迫した。『日本書紀』は、六世紀に起きた朝廷と毛野氏との紛争を伝える。武蔵国造の家で内紛が起きた。笠原小杵《かさはらのおき》という者が毛野氏を頼ったので、朝廷は笠原使主《おみ》を支持して小杵を討ったという。

このことにより、毛野氏の南関東の諸豪族に対する指導権は完全に否定された。毛野氏は、それ以後、逆に朝廷とのつながりを強める方向をとり始めた。そのため、近畿地方に移住した毛野氏の一族も多く見られるようになった。

## 日本武尊の遠征路

有力な古墳は、東山道の飛騨《ひだ》、信濃《しなの》と北陸道にはほとんど見られない。それは、その方面に対する朝廷の勢力の浸透が遅れたことを意味する。しかし、ところどころに注目すべき前期古墳がある。周囲に先がけて積極的に朝廷の文化を受け容れた首長が残したものだ。

たとえば、長野県千曲《ちくま》市森将軍塚《もりしょうぐんづか》古墳は、四世紀中葉の全長九八メートルの前方後円墳だ。それは、科野国造《しなののくにのみやつこ》の本拠地にある。科野国造は、「大和」の北方を本拠地とした都祁《つげ》氏の同族であると唱えている。そこから、科野国造が都祁氏が朝廷に従ってまもない時期から、積極的に朝廷の文化を取り入れていたありさまがうかがえる。

朝廷側から見れば、科野国造はその地方を代表する豪族になる。そのため、後に科野（信濃）の名称が一国の名前になったのだ。

福井県松岡《まつおか》町手繰ヶ城山《たぐりがじょうやま》古墳は、四世紀末の全長一二八メートルの大型の前方後円墳だ。その近くには、松岡町泰遠寺山《たいおんじやま》古墳と坂井《さかい》市六呂瀬山《ろくろせやま》一号墳という一〇〇メートルを越える五世紀の前方後円墳が二基ある。

## 日本武尊の行程

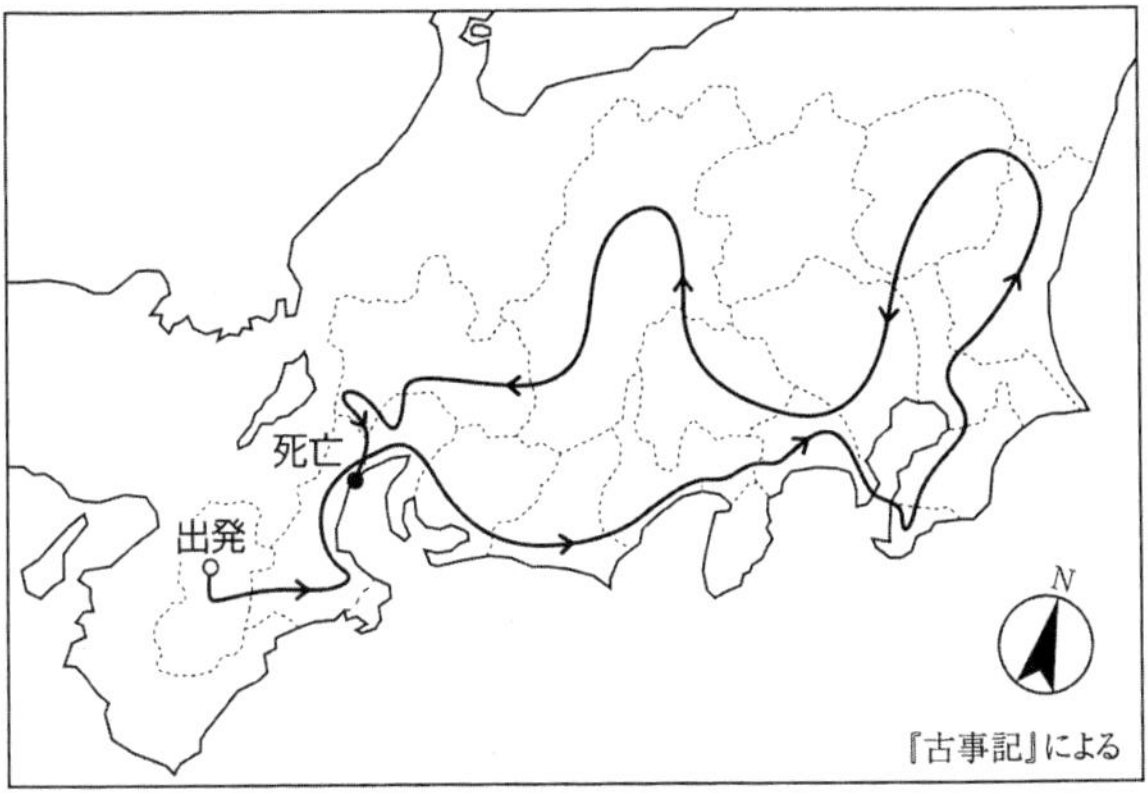


そこは、三国《みくに》国造の領域で、越前北部の最有力豪族であった三国国造は蘇我氏の同族だという。六世紀中葉に、蘇我氏が朝廷で大臣《おおおみ》の地位について活躍した時、蘇我氏が朝廷の北陸経営の先陣となり、三国氏と結びついたのだろう。

五世紀末には東山道にある程度、古墳が広まった。そのことは、六世紀初頭に生まれた日本武尊伝説に反映されている。尊の行程を伝説の原形により近い『古事記』によって示すと、上の地図のようになる。そこから、尊が東海道と東山道だけを通り、北陸道に足を踏み入れていないことがわかる。

七世紀に整えられた『日本書紀』は、北陸道が尊の遠征路から落ちていることを取り繕う次の一文をわざわざ加えている。

「是《ここ》に、道を分《くば》りて、吉備武彦《きびのたけひこ》を越国《こしのくに》に遣して、其の地形の嶮易《ありかた》及び人民の順不を観察《み》しむ。則《すなわ》ち日本武尊、信濃に進入《いでま》しぬ」

つまり、五世紀末から六世紀初頭の時期の大和朝廷は、東山道は押さえていたが、まだ北陸道をその支配下に組み入れていなかったのだ。

## 北陸道支配の遅れ

大和朝廷に従う前に、出雲の首長は、日本海航路を用いて積極的に北陸地方と交易活動をしていた。そのため、二世紀中葉に出雲特有の凹線文土器が北陸地方に広まり、富山市杉谷《すぎだに》で四隅突出《よすみとっしゅつ》型墳丘墓が作られた。

しかし、朝廷は出雲氏が用いた日本海沿岸の交易路を活用しなかった。それゆえ、日本海方面に対する「大和」の文化の浸透が遅れた。大和朝廷が前期古墳で用いた鍬形石《くわがたいし》、車輪石《しゃりんせき》、石釧《いしくしろ》等の宝器は、太平洋岸では常陸《ひたち》にまで広がっている。ところが、日本海沿岸では越中までしか行かない。前方後円墳の分布は、太平洋岸が北上川流域までなのに対し、日本海沿岸は信濃川流域止まりなのである。

朝廷は敦賀《つるが》の気比《けひ》神宮をあつく敬っている。また、越前に土着した王族も多く、その中から継体天皇が出た。しかし、朝廷の神々の体系から外れた気多《けた》の大神《おおかみ》が北陸各地で広く祭られていた。

朝廷は近畿地方に近い越前を押さえたが、北陸道に勢力を広げることができなかった。その理由はひとえに、朝廷が日本海沿岸の航路を把握しそこねたことにある。

六世紀初頭以来、北陸道の古墳は増加した。しかし、崇峻二年（五八八）になって初めて、朝廷の北陸道支配を物語る記事が見える。近江満《おうみのみつ》を東山道、宍人鴈《ししひとのかり》を東海道、阿倍牧吹《あべのまきぶき》を北陸道に派遣して、国の境界を調べさせたものだ。そのことから、朝廷の北陸道に対する統治は、六世紀末にようやく確立されたと考えられる。

## 磐井の反乱と隼人

六世紀初頭に、九州に対する朝廷の指導力が大幅に強化された。磐井《いわい》の反乱が、そのきっかけになったのだ。

邪馬台国滅亡後の北九州には、長期間にわたって有力豪族が見られなかった。ところが五世紀中葉になると、筑紫氏の勢力が伸びてきた。彼らは福岡県八女《やめ》市八女古墳群を残している。それは、八女丘陵上に西方から東方へと世代を追って築かれた。いずれも石人《せきじん》を墳丘に飾り直弧文《ちょっこもん》の彫刻を石棺に付している。

最初のものは、五世紀中葉の全長一一〇メートルの前方後円墳で、石人山《せきじんざん》古墳という。磐井を葬る岩戸山《いわとやま》古墳は、その孫の世代の全長一二五メートルの前方後円墳だ。『日本書紀』等は、磐井が朝廷から独立しようと企てたが、一年余りに及ぶ戦いのすえ斬られたという。

磐井の反乱のあと、北九州の古墳は衰退した。また、北九州に広まっていた石人、石馬や石棺の装飾が、その事件以後見られなくなった。それに代わって、北九州に壁画古墳が出現した。『日本書紀』は、磐井の子の筑紫葛子《くずこ》が自領の中の交通上の要衝、糟屋屯倉《かすやのみやけ》を朝廷に献上して命を許されたと伝える。さらに、穂波《ほなみ》、鎌《かま》、大《おお》抜《ぬき》等の屯倉が置かれたが、次頁の図のように、それらは、北方から石人、石馬の分布圏を押さえ込む形をとっていた。直轄領から北九州の豪族を監視し、二度と反乱を起こさせないようにするためだ。

磐井の反乱後、筑紫氏は後退し、朝廷は北九州の直接支配を模索し始めた。そのため、七世紀初頭には大宰府《だざいふ》の原形が作られた。古代の大宰府は、外交関係全般を処理する機関として重んじられ「遠《とお》の朝廷《みかど》」と呼ばれた。

朝廷は、地元の豪族に先進文化の流入路を押さえられることを最も恐れたのだ。

## 石人・石馬の分布と屯倉

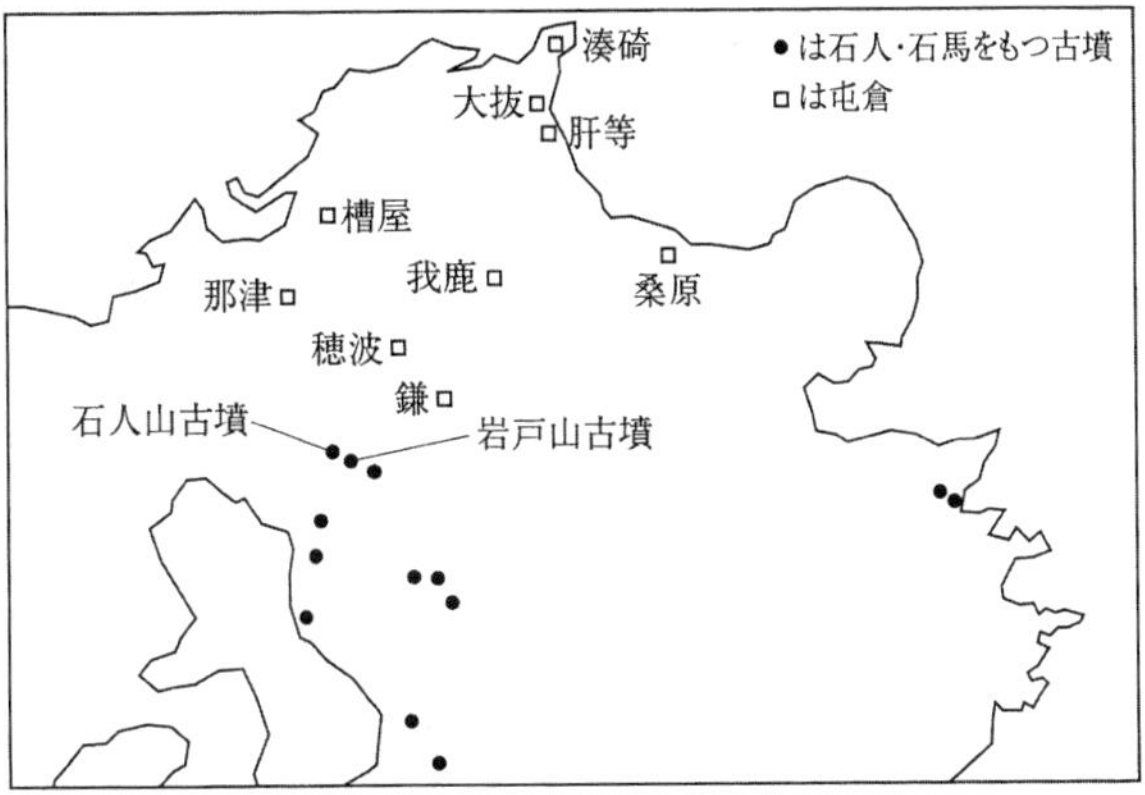


毛野氏等は朝廷の文化を与えられる側にあったために、朝廷と正面きって争えなかった。ところが、磐井は朝廷の勢力を九州から追い出せば、先進文化を独占して大和朝廷より優位になれる立場にあった。磐井の反乱は、大王にそのことを改めて思い出させた大事件だったのだ。

朝廷はそれまで南九州に無関心であったが、磐井の反乱をきっかけに、七世紀になってようやく南九州の諸豪族や隼人《はやと》に対する支配にも力を入れ始めた。その詳細は次章で述べよう。

ただし、積極的に朝廷の文化を受け入れた者は、磐井の反乱以前の南九州にもいた。たとえば、平成二年（一九九〇）、鹿児島県阿久根《あくね》市鳥越《とりごえ》古墳の調査が行なわれ、それが四世紀中葉のものであることが明らかになった。その古墳は、八代海《やつしろかい》の南の出口、黒之瀬戸《くろのせと》の少し南方に位置する。

朝廷が邪馬台国を征服した少し後に、そこの首長が八代海、有明海経由の航路を用いて朝廷と交流を持ち始めたのだ。五世紀に入ると宮崎平野や大隅半島にも古墳群が出現する。宮崎県西都市の西都原《さいとばる》古墳群は、そういったものの中で特に有力である。そこには、全長二一九メートルの五世紀末の前方後円墳、男狭穂塚《おさほづか》古墳等がある。

日向国造《ひゅうがのくにのみやつこ》の本拠地はそのあたりだ。『日本書紀』等には、日向国造が活躍する場面はないが、その家は景行天皇の子の豊国別皇子《とよくにわけのみこ》の子孫だと伝えられる。日向国造が朝廷とのつながりを切望したために、このような系譜が作られたのだろう。

# 第三章
# 東北の歴史が語るもの

# 東の文化を代表する亀ヶ岡遺跡

## 東北経営を中心に動いた日本古代国家

前に述べたように、六世紀末の隋《ずい》の中国統一をきっかけにした東進策は、日本に大きな影響を及ぼした。聖徳太子の革新政治も、大化改新も、天武《てんむ》・持統《じとう》朝の政治改革もすべて、中国に対抗しうる有力な政権を作り出すためのものであった。そして、七〇一年の大宝律令《たいほうりつりょう》の制定によって、日本に本格的な中国風の中央集権国家が完成したおかげで、日本は中国から東方の大国として扱われるようになった。

そうなったのち、八世紀以後の国政は、すべて東北経営と深い関係をもって進められたと評価できる。国政に強い指導力を発揮した藤原《ふじわらの》不比等《ふひと》（八世紀初頭）、藤原《ふじわらの》仲麻呂《なかまろ》（八世紀中葉）、桓武《かんむ》天皇（九世紀初頭）の三者が登場した時期に、東北経営の大きな進展が見られるのだ。

律令制定後に平城京の造営、和同開珎《わどうかいほう》の鋳造、地方政治の整備等が行なわれ、国政は充実していった。その動きを指導したのが、古代日本が生んだ天才的政治家と呼ぶべき藤原不比等だ。大学寮での教育や、宮廷の工房における唐風工芸の受容もなされた。この時期には、遣唐使がしきりに派遣され、新羅《しらぎ》とも親密な関係が保たれていた。七二七年には沿海州方面にあった渤海国《ぼっかいこく》が初めて朝貢してきた。

九州南端にいた隼人《はやと》は、ほとんど朝廷の支配下に組み込まれており、その時には東北地方を除く日本列島の統一がほぼ完成していた。そのため、朝廷は東北地方の経営に最も力を入れた。その成果の上におかれた多賀城《たがじょう》は、長期にわたって朝廷の東国経営の柱となった。このように、八世紀初頭の朝廷の対内的、対外的積極策と、東北経営の進展とは、深く関わるものだった。

七二〇年の藤原不比等の死は、国政に大きな転換をもたらした。長屋王《ながやおう》から藤四子《とうしし》（不比等の子供たち）を経て、橘諸兄《たちばなのもろえ》へと政権が移る間、平城京では中国文化を取り入れた華やかな風景が作り出された。その反面、地方政治がしだいに緩んでいった。七二三年の三世一身法は土地国有制を放棄する政策であった。つまり、律令制定の中心人物であった不比等の死以降、律令制はしだいに有名無実のものになっていくのだ。

七四九年に不比等の孫に当たる藤原仲麻呂が国政を握った。祖父を尊敬していた彼は、儒教に基づいて政治を立て直そうと試みた。彼の下で天平《てんぴょう》文化は最盛期を迎えた。漢文学や南都六宗《なんとろくしゅう》と呼ばれる学問仏教が栄え、中国風の優美な絵画、彫刻も多く作られた。

仲麻呂の指令で置かれた桃生《ももお》、雄勝《おかち》の柵《き》は朝廷の東北経営を大幅に進めた。ところが、仲麻呂が失脚すると、称徳《しょうとく》天皇の寵愛を受けた道鏡《どうきょう》が力をもった。彼は朝廷の財政に大きな負担をかけて無理な仏教興隆策をとった。その動きのもとで、大寺院や貴族の荘園（私領）が広まっていった。この混乱の後に、光仁《こうにん》天皇が即位した。七七〇年のことだ。彼とその息子の桓武天皇は思いきった政治改革に手をつけた。勅旨田《ちょくしでん》を置いて天皇家自らが荘園領主となるみちを開き、中央の官職を大幅に削減して財政を整えたのだ。

彼らは、積極的に東北経営を行なった。特に、八〇二年の坂上田村麻呂《さかのうえのたむらまろ》の遠征が朝廷の領域を大幅に広げることになった。

桓武天皇が、八〇六年に亡くなると、藤原氏がしだいに専権を確立していった。

それに伴って荘園が急速に広まり、九〇〇年代になると貴族、大寺院が広大な所領を抱えて権門《けんもん》を形成し、朝廷は儀式の場となってしまった。地方では武士の勢力

## 奈良時代初め（710年頃）の大和朝廷の領域と東北の小国群

が伸長した。この時代の本州北端には中央から自立した縄文的勢力がわずかに残っていた。しかし、中央集権体制が崩れたその時代には、朝廷の日本統一のための活動は全く行なわれなくなってしまっていた。

## 中国の徳治主義をまねて行なわれた東北経営

東北地方を除く諸地域への征服活動には、ほとんど武力が用いられなかった。中央の文化が広がり、その土地の諸豪族の間に朝廷に従う機運が生じた時に、それが行なわれたからだ。

しかし、大和朝廷の東北経営は激しい戦いを伴うものだった。それは朝廷と古代東北王国との対決だった。

といっても、東北地方に一大王国があったのではない。東北王国は、複数の小国から成るものだった。二世紀中葉から、多くの小国が東北地方に生まれていたのだ。

小国の中には、早くから中央の文化を受け入れたものもあった。しかし、朝廷が自己と異質な文化をもつ東北地方の小国を力ずくで従えようとすると、彼らは団結して朝廷と争った。

このような東北経営は労力を要する上に、東北地方を支配下に組み入れても、大和朝廷に大きな利益はない。それゆえ、東北経営は中国的中央集権政治へのあこがれをもつ指導者が出た時に限って行なわれた。

藤原不比等ら東北経営に力を注いだ人びとは、中国的徳治主義を日本に実現しようと考えたのだ。徳治主義とは、前漢代の中国で生まれたもので、中国文化を身につけた者はすべて皇帝統治下に組み込まれ、皇帝の徳治を受けねばならないとする思想だ。私たちは、それを中国人の鼻もちならない思い上がりだと感じるだろう。しかし、前漢の武帝はそれを旗印に積極的に征服活動をした。

その時に、中国文化圏の外周が定まった。前漢の領地とチベットを合わせた範囲は、今日の中国（中華人民共和国）とほぼ一致するのだ。

朝廷の武力征服がなければ、東北地方ははたして中央の文化の受容を通じた自然な形で日本に組み込まれたのだろうか。北海道に高い文化をもつ国が出来れば、東北地方は日本とは別の国に属しただろう。そうなると、日本民族は関東以西と、東北以北の二個の国を形成することになる。しかし、幸運なことに北海道の文化が遅れた状態にあったため、日本は一つにまとまることになった。

## 平等を重んじ朝廷に反抗した古代東北王国

古代の東北地方の人びとは、大和朝廷と異なる精霊崇拝《アニミズム》に基づく文化をもっていた。そのため、彼らは首長霊信仰の上にたつ朝廷の文化を受け入れず、頑強に反抗したのだ。

私たち今日の日本人は、縄文的思考と弥生的思考との両者を合わせた文化の中で生活している。日本文化は、決して単一のものではない。縄文的なものと弥生的なものとが融合した上に、さまざまな外来文化を取り入れて、形作られたものだ。

弥生的な朝廷は、大王（天皇）を頂点とする身分制を重んじた。ところが、縄文的な東北地方の者は、人間平等の考えをとった。

「俺たちは皆、対等の仲間だ。よそ者の好き嫌いに基づく序列をつけられてたまるものか」

これが東北王国が朝廷の支配を拒否した最大の理由となる。

## 同心円の集落で生活した縄文人

文化そのものの比較と、それを生み出した人種の相違との両面から縄文と弥生の違いを説明していきたい。そのために、まず二者の特性をかいつまんで説明しよう。

縄文文化を特徴づけるものが「円の発想」だ。それは、精霊崇拝から生じたものだ。

「円の発想」は、人間も生き物も、風、雨、太陽、月、星等の自然現象もすべて、精霊をもった平等な存在と見るものだ。だから人間は何とでも互いに友達どうしになる。縄文人は、そのような発想に基づいた集落を作っていた。

縄文時代の集落は、一つの定まった型をとっていた。

それは、円形の広場を中心に構成される。竪穴住居がその外側にめぐらされ、さらに外周に、私たちが貝塚と呼ぶ残滓《ざんさい》の捨て場がある。

つまり、広場、居住空間、ごみ捨て場の三者が同心円を形成しているのだ。

さらに、広場は三個の空間に分けられる。中心部は祭祀の場だ。大部分の集落では、遺物、遺構が全くそこに見られない。普段、人間が立ち入れない聖空間とされていたのだ。まれには、そこに石製の祭壇が設けられることがある。たとえば、長野県原村阿《あ》久《きゅう》遺跡では、そこに石柱が置かれている。聖空間の周囲には、貯蔵穴が環状に設けられ、その外縁に墓穴が作られる。

広場は、何もない聖空間、貯蔵穴群、墓地の三者から構成されているのだ。

聖空間は、精霊と人間の交流の場で、人びとは祭りの時にだけそこに入れる。聖空間の儀式は、集落の全成員と死者たちの見守る中で行なわれるのだ。

彼らは最もたいせつな食糧を聖空間のすぐそばに隠して、精霊に守らせた。亡くなった祖先たちは、この世にいる者より良い場所に居てもらう。その外側が、人びとの生活の場と生き物の遺骸の集積地だ。このように、彼らの集落は内側に行くほど貴いものが置かれる同心円の構造をとっていたのである。

動物や魚介類は、彼らの友達だった。さらに、木の実、草の実、道具類にも精霊が宿ると考えられていた。そのため、彼らは自分の生活を支えたすべての物に愛着をもち、不要になった骨、貝殻、壊れた土器等を住居のそばに置いたのだ。

**縄文人はエコロジスト**

円の発想をとる限り、身分制は生じない。だから縄文時代の社会では、すべての者が同格で、円形に住居を作り、食糧を共有して公平に配分した。そこには、私有財産の観念はない。

稲作の伝来により、文化が進み、身分制と私有財産制が生じた。だから、それより以前の縄文時代は狩猟、漁撈、採集で生活する「原始共産制」と呼ぶべき原始的な段階だ。――こういった説が近年まで信じられていた。しかし、縄文時代の研究が進むにつれて、単純に縄文から弥生への発展を説く考えは成り立たなくなってきた。

縄文中期には、雑穀やイモの栽培が始まり、縄文後期に稲が伝わっていた。しかし、縄文人は、農耕を重視せず、魚介類を主食にした。彼らは、季節に従って移り変わる自然の恵みのままに、自然と共存して生きた。弥生時代以降の人びとと異なる価値観に従って生活したのだ。だから、農耕を知っても、森林や草原を壊さない範囲で耕作をして、決して自然の生態系に手を触れようとしなかったのだ。

## 区分の発想の伝来

弥生時代の開始は、単なる新技術の到来ではない。縄文人と異なる思想をもつ人間の渡来であった。彼らは、日本列島に来る前から「区分の発想」に基づく生活をしていた。

人間は自然の一部ではない。だから、有益な動植物をふやし、有害な生き物を排除する権利をもつ。人間には能力差があるから、それに見合った身分が必要だ。これが区分の発想だ。

このような発想の持ち主でなければ、土地を拓き、そこの生き物を追って水田を作れなかったろう。

弥生時代の集落に見られる多くの溝は、そこの住民の区分の発想を雄弁に物語る。集落の外周の幅の広い深い溝は、外界と集落とを分けるものだ。個々の住居も他者の侵入を拒否する溝で囲まれている。

同じ集落の中に、広い住居、狭い住居があり、水はけが良く、眺望が美しい位置を独占する住居も見られる。そのような集落の構成員は、けっして平等ではあり得ない。弥生時代の水田も所有者を明確にするために溝と畦《あぜ》で区切られていた。弥生時代の集落には、広場と貝塚がない。共同の貯蔵空間を作る代わりに、家々が穀物を保管した。死者は住居から離れた墓地に葬られ、動物や魚介類の残滓や壊れた道具は単なる不要物とされた。

**祖霊信仰の発生**

農耕生活が始まるとともに、精霊信仰に代わって人間中心の宗教が持て囃《はや》されるようになった。それが、祖霊信仰だ。祖霊が、太陽の神、水の神、山の神等になり

## 縄文晩期の人口分布

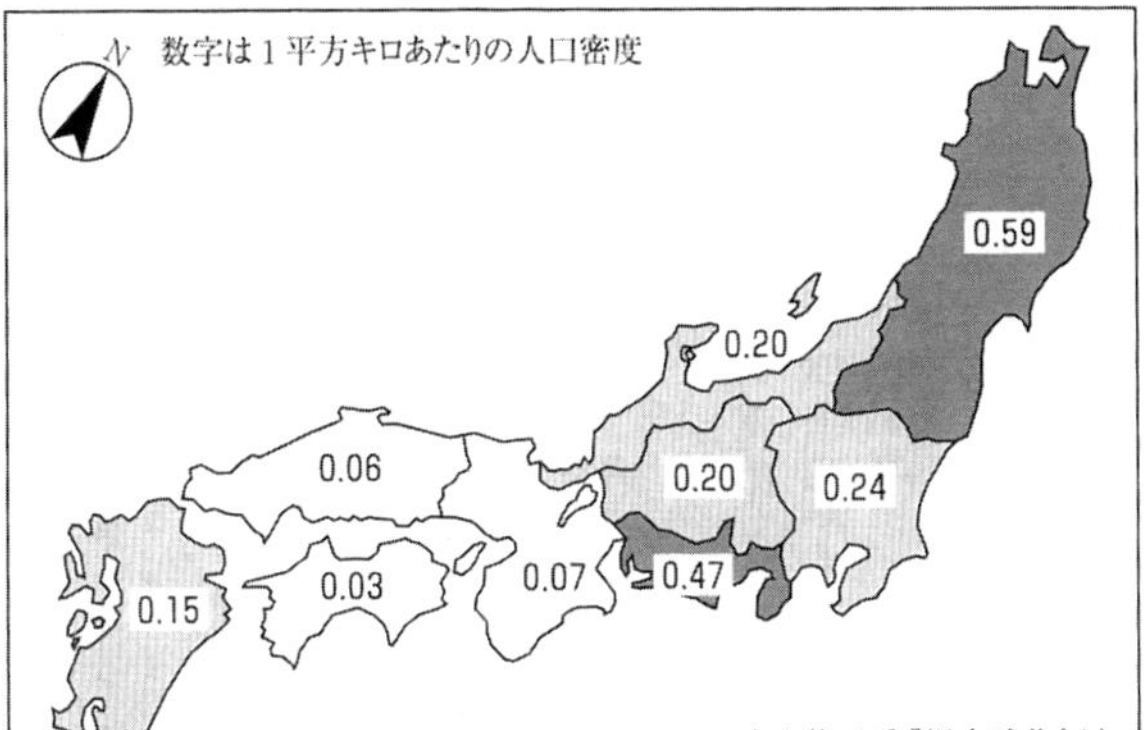

小山修三氏『縄文時代』より

自然物を支配して人びとを支えるとするものだ。人間から見てこれほど都合の良い発想はあるまい。

祖霊信仰のもとでは、人びとは平等に生活し得ない。祖霊の声を聞く者が重んじられたのだ。たとえば、邪馬台国の卑弥呼は祖霊のお告げを聞く巫女（シャーマン）だった。そのような指導者は、治水技術や農事暦がわかり、集落の人びとの農作業を指導しつつ祖霊を祭った。そのため、用水を管理して人びとの生活権を握った。そうなると、集落の祭祀は、政治的性格の強い農政の祭りになっていった。

紀元前二〇〇年頃に区分の発想をもつ朝鮮半島の人びとが、大量に日本に渡って来た。当時の九州地方の人口が少なかったので、彼らは先住者のいない原野を見つけて農耕生活を始めた。まもなく、旧来の住民も区分の発想を受け入れ、水稲耕作を始めた。

弥生文化は、紀元前二世紀初頭に一気に近畿地方まで伝わった。そして、それから約一五〇年かけて関東地方に広まった。前頁図に示したように、縄文晩期の人口密度は、西へ行くほど低くなる。そのため、新たな渡来者は、近畿地方までは抵抗なしに進出したのだ。

神戸市大開《だいかい》遺跡は、縄文から弥生への移行を示す興味深いものだ。環濠で囲まれた、四〇〇〇平方メートルの弥生前期初頭の小型の集落で、環濠から、稲作を示す炭化米が発見された。ところが、そこには弥生土器と縄文土器とが混在している。

つまり、縄文時代の生活をしていた者が、新たに水稲耕作を始めたありさまがわかるのだ。大開遺跡の住民がすでに区分の発想を象徴する堀を設けていることに注目したい。つまり、彼らはそれまでの縄文土器はそのまま用いたが、円の発想を捨てて区分の発想をとったのだ。

## 中国人系民族と原アジア人

縄文と弥生の違いは、日本人の人種の問題を抜きに語れない。

アジア人は、原アジア人と中国人系民族とから成る。人類学者は、原アジア人を「古モンゴロイド」、中国人系民族を「新モンゴロイド」と名づけている。

原アジア人は、約三万年前に、アジア大陸南部で発生した。そして、中国人系民族は、約一万二〇〇〇年前にシベリアで原アジア人から分かれた。

原アジア人は、約三万年前氷河時代が中休みになり、約五〇〇〇年間、地球が暖かくなった時代にアジア各地に広まった。彼らは陸続きになっていた日本列島にも来て、日本に旧石器文化を生み出した。そして、氷河時代が終わる紀元前一万四〇〇〇年（約一万六〇〇〇年前）頃から縄文文化を作って繁栄した。

それより前に、シベリアで氷河に閉じ込められた原アジア人の一団がいた。彼らは寒地に適応した体型に変わった。原アジア人は背が低く、角ばった顔で大きな目と高い鼻をもっていた。それが、長身で、細長い顔に小さな目と低い鼻をもつ中国人系民族になった。

中国人、ベトナム人、モンゴル人等がそれに当たる。彼らは、氷河が緩むと爆発的にアジア各地に広まった。その中で最も有力な集団が、殷《いん》、周《しゅう》さらに秦《しん》、前漢《ぜんかん》の強国を作った。

日本民族の成り立ち

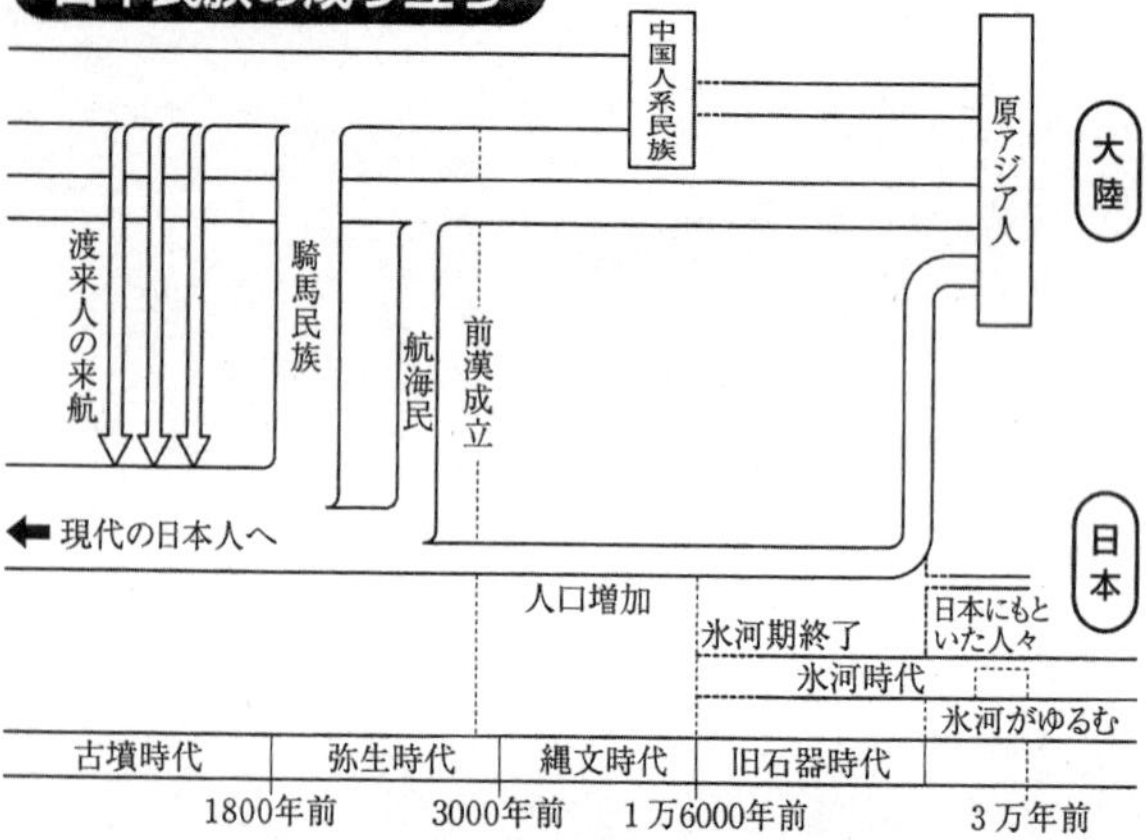


紀元前一〇〇〇年頃、弥生人が日本に移住してきた。彼らは原アジア人の系譜を引くが、すでにかなり中国人系民族と混血していた。

江南の原アジア人は、春秋時代にようやく呉《ご》、越《えつ》の強国のまとまりを作る段階になった。しかし、前漢時代に南下した中国人系の民族に故郷を追われた。彼らの一部は、弥生中期開始時に日本に来た。そういった人びとも、多少中国人系民族の血が混じった原アジア人だった。

その後に、中国や朝鮮から移住して来た者もきわめて多い。彼らは渡来人と呼ばれる。渡来人を受け入れたために、現在の日本人は、原アジア人と中国人系民族とがほぼ半々に混血した形になっている。

今では純血種に近い原アジア人は、雲南やタイ、ミャンマー等の奥地にしか残っていない。調査にあたった文化人類学者の報告によって、彼らの多くは農耕に従事するが、平等な共同生活を営んでいることがわかる。

つまり、原アジア人に区分の発想は合わないのだ。身分制等は、世界共通のものではない。アジアでは中国人系民族がそれを生み出したのだ。

だから、多種類のアジア人の混血によって作られた日本人の中には、円の発想と区分の発想とが共存する。

日本人は律令《りつりよう》という中国法を輸入したが、そこに盛り込まれた中国的専制政治は日本に根づかなかった。最も中国的な宦官《かんがん》と易姓革命《えきせいかくめい》（王朝交替）と官吏登用試験（科挙《かきよ》）が見られない。区分の発想によってたつ皇帝の下の厳密な身分制は、日本に合わなかったのだ。

## 北の果ての亀ヶ岡王国

縄文時代の特性を示すために、縄文文化が最も栄えた遺跡を紹介しよう。それは青森県つがる市亀ヶ岡《かめがおか》遺跡だ。現代的感覚では不便な位置にあるが、縄文人から見れば、そこは海の幸に恵まれ、津軽平野を控えたきわめて暮らしやすい土地だった。

弥生時代以降の人びとは、暖かい照葉樹林帯《しょうようじゅりんたい》を好んだが、縄文人は落葉《らくよう》・広葉樹《こうようじゅ》林帯《りんたい》で生活した。日本の森林は南から、カシやタブの林（照葉樹林帯）、ブナ林（落葉・広葉樹林帯）、エゾマツ・トドマツ林（常緑針葉樹林帯《じょうりょくしんようじゅりんたい》）の三者から構成される。海岸部でいえば、日本海沿岸では富山県あたり、太平洋岸では茨城県あたりまでが照葉樹林帯になり、そこから北海道の西半分までが広葉樹林帯になる。山間部では、岐阜県あたりから広葉樹林帯になる。

ブナ林は動物の楽園になり、多くの果実がとれる。冬の寒ささえ我慢すれば、そこは狩猟、採集による生活に最も適している。ところが富士の裾野等に残る昔ながらのカシ、タブの雑木林で生活するのは容易でない。うっそうと茂った木立と湿った地面、上から蛭《ひる》が落ちてくるし、下からは毒虫がはい上がってくる。

稲作は、インドのアッサム地方の照葉樹林帯で生まれた。そこは、高温多湿で稲の生育に適していたからだ。それ以来、人びとは照葉樹林帯を次々に切り拓いて水田に変えていった。稲作は、雲南、江南と照葉樹林帯を東進し、日本に至った。それ以来、日本人の主な生活圏は、ブナ林から、カシ、タブの森林を拓いて作った農村に移った。

海岸に面する落葉・広葉樹林帯は、東北地方にしかない。そこで、多くの縄文人がそこに住み、二世紀中葉以降、小国群を形成したのだ。最も有力なものが、亀ヶ岡王国だ。

## 亀ヶ岡のすぐれた手工業

亀ヶ岡遺跡は、江戸時代初期の元和《げんな》九年（一六二三）に発見された。そこから、数千点の土偶と数万点の贅沢な土器が出た。それを聞きつけた江戸の商人は、競ってそれらを買い求め、物好きな知識人たちに売り込んだ。文政《ぶんせい》年間（一八一八―一八二九）に滝沢馬琴《たきざわばきん》らが「津軽亀ヶ岡の古磁器」を鑑賞する会を開いた記録まである。オランダ商人も、長崎から大量の土偶を持ち帰っている。

亀ヶ岡遺跡で生み出された亀ヶ岡土器は、「縄文文化の華」と呼ぶのにふさわしい。美しく彩色された鳥形土器、注口土器、U字型土器、香炉型土器等、ありとあらゆる形のものがある。それらの造形は、現代人の鑑賞に耐える第一級の芸術品だ。

彼らの木工技術と漆《うるし》工芸も素晴らしい。表面を黒地に塗り、赤い漆で文様を付した美しい土器、木器、籠が多く出ている。

亀ヶ岡を代表する遮光器《しゃこうき》土偶は、彼らの土器製作技術の高さを物語る。頭でっかちの土偶はよほどバランス良く作らねば立たないし、八〇〇度から九〇〇度の間で焼かないとひびが入る。現代の陶工、中田宝篤《ほうとく》氏が土偶作りに挑戦したところ、その製法を摑むのに六年間かかったという。

石刀、石棒等の大型で精巧な石製祭器もある。一メートルを越える石器を作る手間は、槍先や鏃《やじり》作りのそれの比ではない。さらに、勾玉《まがたま》、丸玉等、質の良い玉類も多い。

亀ヶ岡王国には、一部の支配者だけのために作られた贅沢品は見られない。祭器も、生活用具も、同等の技術で作られているのだ。

## 縄文人の農耕と交易

亀ヶ岡王国の住民は、米やソバを知っていながら、サケ、マス漁で食糧を得て生活した。亀ヶ岡遺跡から、籾《もみ》粒が一点、発見されている。また、亀ヶ岡に近い青森県田子《たご》町石亀《いしがめ》遺跡では、ソバの栽培が手広く行なわれていた。そのことが亀ヶ岡に伝わらないはずがない。

福井県若狭町鳥浜《とりはま》遺跡から、ヒョウタン、リョクトウ、アブラナ、ゴボウ等多種類の作物が発見された。しかし、彼らは農民ではない。主に魚介類を食べ、野菜類を嗜好品とする生活をしていたのだ。

電子顕微鏡を用いた調査によって、北海道函館市臼尻《うすじり》B遺跡の住居の床面の土中からヒエの種子が発見された。それは縄文前期に当たる紀元前六〇〇〇年頃のものであった。中国におけるヒエ栽培は、紀元前六、七〇〇〇年にようやく始まった。そのことから、ヒエは日本から朝鮮半島を経て中国に伝わったという驚くべき事実が明らかになってきた。

このように見てくると、「縄文時代に農耕は見られない」とする旧説は、全く成り立たなくなる。円の発想と合わなかったため、縄文人はあえて農耕生活をとらなかったのだ。

亀ヶ岡土器は、東北地方に広く分布し、関東地方から近畿地方にかけての各地にも見られる。しかし、亀ヶ岡王国は、「交易国家」ではない。亀ヶ岡遺跡には土器との交易で入手した他地方の特産品がないのだ。彼らは特産品を商品と考えずに、気前よく土器の製法を広めたのだ。岩手県久慈《くじ》市産の琥珀《こはく》製品が東北地方の各地で出土するが、久慈にも交易国家が見られない。琥珀の産地の住民が特産品を独占しなかったからだ。

## 縄文の都、三内丸山

平成六年（一九九四）には、亀ヶ岡遺跡より有力な青森市三内丸山《さんないまるやま》遺跡が大きな話題を呼んだ。そこは、紀元前三五〇〇年頃から紀元前二〇〇〇年頃まで続いた大集落であった。

一五〇〇年間にわたって、五〇〇人前後の人びとがそこで定住生活をおくったとされる。約五〇〇軒の竪穴住居が三内丸山遺跡から出土した。

そして、その中に人びとが集まって祭祀を行なったと見られる大型住居が二〇棟あった。さらに、海に近い場所には二〇メートルほどの高さをもつ楼閣が作られていた。

三内丸山遺跡でも、盛んに交易が行なわれていた。新潟県糸魚川《いといがわ》周辺だけでとれるヒスイや北海道産の黒曜石《こくようせき》が見つかったのだ。

しかし、三内丸山遺跡の人びとも亀ヶ岡遺跡の人びとと同じく平等な社会を作り、他の集落を従えて大勢力を築こうとはしなかった。

## 男女平等の円の発想

亀ヶ岡王国は、土偶、玉類、石棒の三点の祭器を揃いにして用いていた。妊婦の姿を表わす土偶は女性を、男性器を象る石棒は男性を象徴した。残る玉類は、中性であった。女性、中性、男性の祭器を使って男女をわけへだてなく並べる祭祀は、円の発想から生じたものだ。そう考えていくと、弥生時代の開始とともに男女差別が作られたことがわかる。

紀元前一世紀中葉に関東地方に弥生文化が広まってまもなく、東北地方に水稲耕作を受け入れる小国が出現した。青森県弘前《ひろさき》市砂沢《すなざわ》遺跡は、その早い例だ。そこからは、弥生的な二枚の水田と縄文的な土偶、石刀とが出土した。縄文土器と弥生土器も混在していた。土偶等は動物の繁殖を願うもので、農耕神のための祭器ではない。それゆえ、こうした出土品は、縄文文化を保持していた者が、あわてて取り入れた新文化を十分使いこなせていないありさまをうかがわせるものだといえる。

砂沢遺跡の水田は、紀元前一世紀中葉頃のものだ。そうすると、東北地方の縄文文化圏を飛び越えて、本州の北端に水稲耕作がもたらされたことになる。それは、北陸地方からの航路で中間地点を越えて来たものであろう。

砂沢遺跡の近くに、大規模な耕地をもつ、青森県田舎館《いなかだて》村垂柳《たれやなぎ》遺跡がある。それは、紀元前後の集落で、総面積で三九〇〇平方メートルに及ぶ水田をもつ、「農業国家」と呼び得るものだ。

しかし、東北地方の気候が稲作に適しないため、そこへの弥生文化の広まりは概して遅い。東北地方全域が弥生化するのは、四世紀末前後だ。その時点で漁撈に基礎を置く亀ヶ岡王国は解体した。もっとも、東北地方には円の発想が根強く残った。また、東北地方の弥生土器である棚倉式《たなくらしき》土器には、縄文時代の意匠の名残りを示すあらい文様が見られる。

# 奥州日高見国の後退

## 古代会津王国の発見

四世紀中葉以来、東北地方に水稲耕作が本格的に普及していくと、東北の小国は大和朝廷の信仰を積極的に受容するものと、旧来の伝統に固執するものとに分かれた。

その時期から、仙台平野と山形盆地を結ぶ線以南に、中央の文化が広まりを見せた。しかし、それは大和朝廷とつながる地点が増加したことにすぎない。朝廷が東北地方に領域支配を試み始めた時期は、かなり遅れた七世紀中葉になる。

朝廷と東北の小国との交流は、航路を用いず、陸路で行なわれた。北関東の毛野《けの》から会津盆地に入り、そこから二方向に分かれ、一方は仙台平野へ、もう一方は山形盆地へと続く道がしきりに使われたのだ。

前に述べたように、福島県会津坂下町宮東《みやひがし》遺跡から四世紀初頭の前方後円墳が発見されている。それは、会津の首長が早くから大和朝廷の影響を受けていたことを物語るものだ。

さらに四世紀末になると、全長九〇メートルの前方後円墳が会津盆地に出現した。福島県会津若松市会津大塚山古墳だ。そこからは、三角縁神獣鏡と素環頭大刀が発見された。いずれも、発生期の大和朝廷で最も重んじられた宝器だ。そういったものを保持した首長は、大和朝廷にならって首長霊信仰に基づく支配を行なったのだ。

宮東遺跡と同年代の毛野に前方後円墳はないし、会津大塚山古墳は毛野の前橋天《てん》神山《じんやま》古墳より一〇年もしくは二〇年古い。つまり、会津の首長は、毛野に先がけて大和朝廷と結んだのだ。

福島県下への稲作の伝来は三世紀中葉まで下るのに、そこで出土した石庖丁の数は、関東全域のそれよりはるかに多い。そのことは、大和朝廷との交流を始めた会津の首長が福島県下の諸首長に四世紀初頭の短期間のうちに積極的に稲作を広めたことを示す。

彼らが残した天王山式《てんのうざんしき》土器には、縄文土器の文様に似たあらい文様である磨消《すりけし》縄文《じょうもん》文等の前代の文化の名残りが強く見られる。その文様は、縄文文化に基づく生活をしていた人びとが、首長の指導であわただしく農耕生活を身につけたありさまを物語っている。

福島県会津坂下町亀ヶ守古墳は五世紀中葉の全長一二七メートルの前方後円墳だ。それは、会津大塚山古墳を作った首長の子孫の墓だが、その付近にはそれ以外に有力な古墳が見られない。会津盆地を本拠地とする石背国造《いわしろのくにのみやつこ》も、文献にほとんど登場しない。

つまり、会津の首長はいち早く中央の文化を取り入れたが、それによって東北地方南部をまとめる勢力となることはできなかったのだ。彼は中流豪族のままで終わったが、その動きは、東北地方南部への大和朝廷の勢力の浸透を大いに助けたことになる。

## 大和朝廷の勢力の北限

仙台平野南部には、仙台市遠見山《とおみやま》古墳、同北部には、宮城県大崎《おおさき》市青塚《あおつか》古墳、山形盆地の少し南には、山形県南陽《なんよう》市稲荷森《いなりもり》古墳がある。いずれも、五世紀初頭の全長一〇〇メートル前後の前方後円墳だ。

## 東北地方の国造

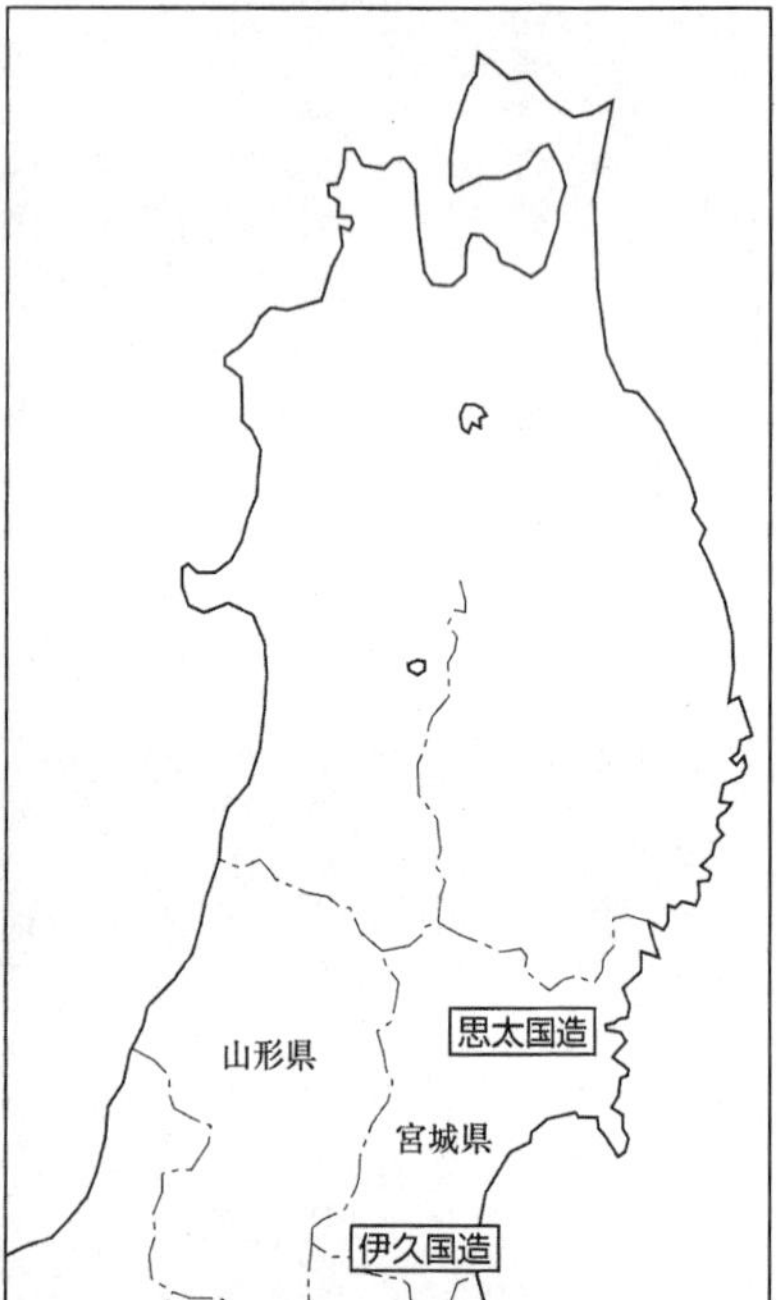


仙台平野と山形盆地には、三世紀末という早い時期に水稲耕作を始めた集団が見られた。宮城県丸森町《まるもりまち》塚合《つかあい》遺跡、同栗原市山王《さんのう》遺跡、山形市七浦《ななうら》遺跡からは石庖丁が出土し、山形市江俣《えまた》遺跡では籾痕が付いた土器が発見されている。

早めに水稲耕作を受け入れた小国の子孫が、会津経由で大和朝廷とつながって前方後円墳を作ったのだろう。しかし、五、六世紀の仙台平野や山形盆地には、大和朝廷と関わりをもたない首長がきわめて多かった。

東北地方の国造を示すと、前頁の地図のようになる。思太《しだ》国造、伊久《いく》国造を除いて福島県下に集中していることがわかる。国造が設置された六世紀初頭の朝廷の勢力は、仙台平野と山形盆地の首長の多くを臣下に編成するに至っていなかったのだ。また、東北地方南部をまとめる有力な首長がいなかったために福島県下だけで八の国造が分立するありさまになったのだ。

仙台平野から北上川を溯ったところに胆沢《いさわ》平野がある。そこの岩手県奥州《おうしゅう》市角《つの》塚《づか》古墳が、本州最北の前方後円墳に当たる。それは六世紀初頭に築かれた全長四二メートルのものだが、その周辺には有力古墳がない。胆沢平野の首長は短期間に限って朝廷とつながりをもったのだ。

つまり、胆沢平野まで行くと、朝廷の指導力はきわめて不確実になったことになる。

## 幻の日高見国

朝廷は関東地方に進出した頃から、東北地方に「日高見国《ひだかみのくに》」という強国があると考えていた。それは、関東の人びとが、「私たちは朝廷に従う前は、北方から文化を受け入れていた」と語ったために生まれた発想であった。

六世紀末に北陸地方を領域に組み込んだことによって、朝廷の東北地方への関心が急速に高まった。敏達《びだつ》一〇年（五八一）には、蝦夷《えみし》の首長、綾糟《あやかす》らに大王への忠誠を誓わせたことが見える。崇峻《すしゅん》二年（五八八）には、東山道に派遣した近江満《おうみのみつ》に蝦夷との国境を視察させた。舒明《じょめい》九年（六三七）に上毛野《かみつけの》氏と蝦夷との間に小ぜりあいがあった。

その時期の朝廷は、東北地方を自国と異なる風習をもつ異国「日高見国」としてとらえていた。

七世紀初頭の朝廷が日高見国に対して抱いた幻想は、宮廷の祭祀で用いられた祝詞《のりと》の中で最も明確な形で語られる。

「かくて依《よ》さし（支配し）まつりし四方《よも》の国中に、大倭《おおやまと》・日高見国《ひだかみのくに》を安国《やすきくに》と定めまつる」（大祓《おおはらえ》祝詞・『延喜式《えんぎしき》』所収）

大王が治める大倭国と日高見国とが安穏《あんのん》でありますようにというのだ。それは、東北経営に手を染めてまもない時期の朝廷の願いを述べたものだ。

日本武尊伝説は六世紀初頭につくられたものだから、原形をそのまま伝える『古事記』の中の日本武尊の遠征路は、関東までにしか及ばない。ところが、七世紀初頭の加筆を受けた『日本書紀』の日本武尊は蝦夷討伐にも手を染めている。日高見国は、その話の中にも出てくる。

尊の遠征の前に武内宿禰が東方を視察して、次のように報告した。

「東の夷《ひな》の中に、日高見国あり。その国の人、男女並に椎結《かみをわ》け身を文《もどろ》けて、為人《ひととなり》勇《いさ》み悍《こわ》し。是を総《す》べて蝦夷と曰《い》ふ。亦土地沃壌《またくにこえ》て曠《ひろ》し。撃ちて取りつべし」

それを聞いて尊は日高見国に向かった。武内宿禰の言葉は、朝廷の東北地方に対する認識を伝えるものだ。東北地方は、広大で肥沃な征服すべき土地だ。そこの住民は、髪を粗雑に整え、入墨《いれずみ》をした乱暴な野蛮人だというのだ。

## 日高見国から北上国へ

大化改新後まもない七世紀中葉に阿倍比羅夫《あべのひらふ》が北海道南端まで遠征した。そのことによって、日高見国と呼ぶべき豊かな強国はどこにもないとわかった。そこの寒冷地には、朝廷に属さないいくつもの小国が分立していただけだった。

そのため、その頃から東北地方は日高見国と呼ばれなくなった。

そして、八世紀中葉になると、それに代わって朝廷の勢力圏の北限にあたる、現在の北上川流域だけを日高見国と呼ぶ用法が起こってきた。

天平宝字《てんぴょうほうじ》四年（七六〇）、北上川下流に桃生柵《ももおのき》が築かれている。その時城輪神《きのわのかみ》の社が設けられた。城輪神とは「城の守り神」だ。そして、城輪神の別名を日高見水神《ひだかみのすいじん》といった。「日高見の川（つまり北上川）の水神」という意味だ。

陸奥国《むつのくに》の胆沢《いさわ》郡と江刺《えさし》郡とをつなぐ渡し場は日上湊《ひかみのみなと》と呼ばれた。日高見の湊が訛《なま》って日上湊になったのだ。のちに日高見が訛ってキタガミとなり、北方を表わす「北」と「上」を並べて「北上」と表記されるようになったのだ。

### 徳治主義から生まれた「蝦夷」という語

話を少しもどすが、朝廷の関心が日高見国に向けられてまもない七世紀中葉に、積極的な東北経営が始まった理由は、おもに外交上の必要性に求められる。日本は蝦夷《えみし》という夷狄《いてき》（文化の遅れた国）を従える小帝国だと主張するためのものだ。

聖徳太子は、隋との国交を開いた時に「日出処天子、日没処天子に書を致す」と始まる国書を送り、日本を隋と同列に置いた。朝鮮半島の動乱によって、そこの国々がしばしば日本に使者を送って助けを求めていたから、太子は、日本を朝鮮の諸国を従える小帝国と位置づけたのだ。

『隋書』の次の記事は、太子の主張が受け入れられたことを示す。

「新羅《しらぎ》、百済《くだら》、みな倭をもって大国にして珍物多しとなして、ならびにこれを敬仰《けいぎょう》してつねに通使《つうし》、往来す」

しかし新羅が、六六〇年に百済、六六八年に高句麗を併合して朝鮮半島を統一した。そのため、日本は強大化した新羅を属国視できなくなった。その時から、中国との外交上の記録に蝦夷が登場するようになった。

日本は、中国から「化外慕礼《けがいぼれい》」の国の待遇を受けていた。中国の勢力圏外の小帝国という扱いだ。それは朝貢を強制されるのではなく、自主的に中国の礼（文化）を求めて通交するという立場だ。

朝廷は「化外慕礼」の国の地位を保つために、蝦夷の国を属国にしようと試みた。

東北地方の住民は、これ以前から「エミシ」と呼ばれていた。それは、もともと一騎当千の勇者を表わす語だ。彼らが勇猛であったためにそう呼ばれたのだから、もともと「エミシ」は蔑称ではない。

ところが、七世紀中葉に、「エミシ」の語に「蝦夷」という悪字が当てられた。野蛮人を意味する「夷《い》」に、ガマガエルを表わす「蝦《か》」を付したものだ。また、蛮人を示す「毛人」の漢語を「エミシ」と訓《よ》ませることもあった。

## 唐の皇帝に謁見した蝦夷

新羅の勢力が伸張する六四〇年代後半に、朝廷は武力を用いた本格的な東北経営を始めた。それは、日本海沿岸から行なわれた。

大化三年（六四七）には渟足柵《ぬたりのき》という砦を作り、翌年、その先に磐舟柵《いわふねのき》を設けた。次頁の地図からわかるように、それらはまだ越後の範囲内にあった。柵には柵《きの》戸《へ》と呼ばれる人びとを移住させた。彼らは平素は農耕に従事したが、蝦夷との戦いの時には武器を取る戦士になった。

斉明《さいめい》四年（六五八）に阿倍比羅夫《あべのひらふ》が、一八〇艘の水軍を指揮して大遠征を行なった。彼は、日本海沿岸各地の蝦夷と交易しながら当時は「渡島《わたりしま》」と呼ばれた北海道南端の松前半島にまで辿り着いた。

この時、朝廷との交易を求める蝦夷の首長を渟代《ぬしろ》、津軽《つがる》等の評司《こおりのつかさ》（郡司）に任命した。しかし、彼らは政治的には独立を保っており、この時に朝廷の領域が一気に能代平野や津軽平野まで伸びたわけではない。

その翌年の遣唐使は、阿倍比羅夫に従って来た二人の蝦夷を長安に伴った。

## 東北の城柵と朝廷勢力圏の北進

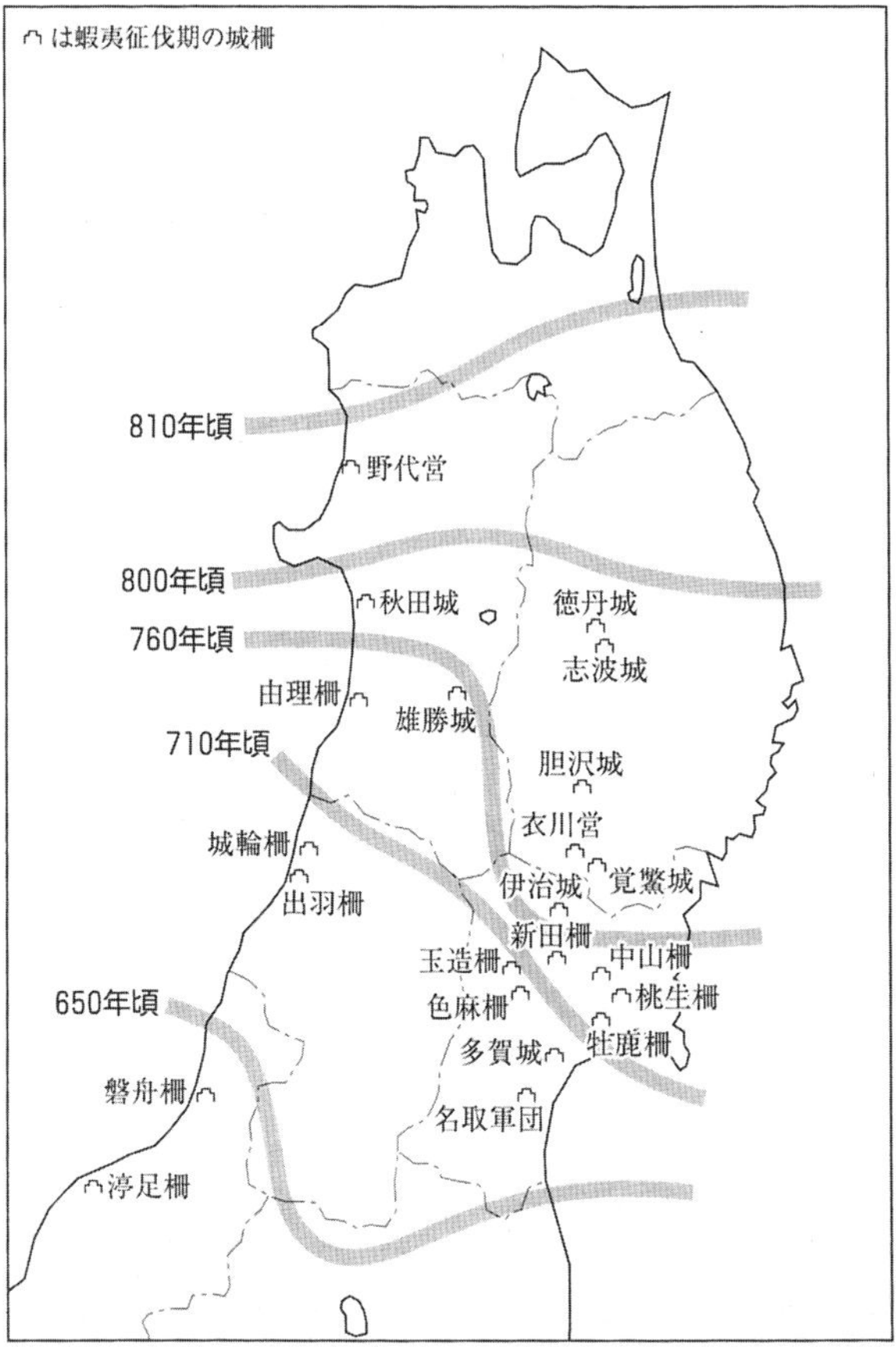

『日本書紀』は、皇帝と遣唐使との間で交わされた興味深い会話を伝えている。

「此等《これら》、蝦夷の国は、何方《いずくのかた》に有る」

「国は東北にあり」

「蝦夷は幾種《いくくさ》ぞや」

「類《たぐい》、三種《みくさ》あり。遠き者をば都加留《つかる》と名づけ、次を麁蝦夷《あらえみし》と名づけ、近きを熟蝦夷《にきえみし》と名づく。いま此、熟蝦夷なり。歳毎《としごと》に、本国《やまと》の朝《みかど》に入《まい》り貢《たてまつ》る」

「其の国に五穀ありや」

「無し。深山の中にして、樹の本に止住《す》む」

「朕、蝦夷の身面《むくろかお》の異《け》なるをみて、極理《きわま》りて喜び怪む」

遣唐使は、蝦夷の領域をことさら広く伝え、彼らを実際以上に未開な者と主張した。それに対する皇帝は、実状も知らずに遣唐使の言い分を信じ込んで喜んでいる。この時代の東北地方の人びとは住居を構えて稲作に従事していたし、彼らは三種の民族に分かれるほど多くもない。

それでも中国の歴史書である『旧唐書《くとうじょ》』は日本について次のように記す。

「東の界、北の界は大山を限となす。山の外は即ち、毛人の国なり」

そのことで、自国は毛人（蝦夷）を従えているとする朝廷の主張が受け入れられたことがわかる。

**容易に征服された隼人**

隼人《はやと》の居住地は、薩摩《さつま》、大隅《おおすみ》と日向《ひゅうが》の一部に限られていた。そのため、朝廷の隼人に対する支配は広大な東北地方の経営に較べてはるかに容易に進められた。磐井《いわい》の反乱が治まってまもない六世紀中葉には、隼人の主要な首長が朝廷に従うようになっていた。

『日本書紀』に敏達一四年（五八五）、天皇の葬儀の時に蘇我馬子と物部守屋とが衝突しそうになったために、近臣が隼人に命じてあたりを固めさせたことが見える。そこから、これ以前に、隼人の首長の一族を中央に集めて組織した親衛軍が作られていたことがわかる。

七世紀末に、隼人も朝廷に従う夷狄《いてき》だとする主張が芽生えたことがある。そのためその時期に、南九州の大隅《おおすみ》氏に忌寸《いみき》という格の高い姓《かばね》を与え、多くの隼人を近畿地方に移住させた。さらに儀式の時に、大隅隼人と阿多《あたの》隼人に天皇の前で相撲を取らせた。機会があれば、彼らを中国に送り皇帝の前で芸を披露させようとしたのだ。

しかし、隼人の絶対数が少ない上に、南九州はまもなく完全に中央の文化圏に組み込まれてしまった。そのため、隼人を夷狄とする発想は根づかなかった。

## 東北への武力征服の開始

斉明朝の遣唐使の主張が成功したために、朝廷の東北経営は、約五〇年間の中休みを迎えた。

その間にも、すすんで朝廷に従った蝦夷の首長はいたし、東北地方との交易は伸長した。持統《じとう》三年（六八九）に、朝廷は陸奥《むつ》と越《こし》の蝦夷に仏像を与えた。そのことから、朝廷が東北地方に積極的に文化を広めたありさまがうかがえる。この時期に、朝廷に従った蝦夷を「俘囚《ふしゅう》」と呼ぶ用法が起こった。俘囚は、ほとんど一般の豪族、農民と同じ扱いをうけていた。そのことから、東北地方の一部で中央の人びとと変わらない生活様式をとる者が急速にふえたありさまがうかがえる。

和銅《わどう》二年（七〇九）になって、東北地方への最初の大掛かりな軍事行動が行なわれた。それは、大宝律令の制定から平城京造営に至る国力の充実の中で立案された。日本を名実ともに蝦夷を従える小帝国とするとともに、朝廷の領域を北方に伸ばすことを目指すものであった。

大宝二年（七〇二）、遣唐使粟田真人《あわたのまひと》は大宝律令を唐に持参し、日本にも律令を使いこなせるだけの学問が定着したことを報告した。その時の彼の態度が立派だったので、唐人は、感服して次のように述べたという。

「海東に大倭国あり、これを君子の国と謂《い》ふ。人民豊楽にして、礼儀敦《あつ》く行なわる。今、使人を看《み》るに、儀容太《はなは》だ浄し、あに信ぜざらんや」（『続日本紀《しょくにほんぎ》』）

このことが当時の朝廷に大きな自信をつけた。

七〇八年には越後に出羽郡《でわのこおり》が置かれた。それは七一二年に出羽国に改められた。それによって日本海側の蝦夷対策の任務が、越後国司《えちごこくし》から出羽国司の手に移り東北経営がさらに進むことになった。

その動きの中で、巨勢麻呂《こせのまろ》が陸奥鎮東《ちんとう》将軍、佐伯石湯《さえきのいわゆ》が征越後蝦夷《せいえちごえみし》将軍《しょうぐん》に任命された。彼らは遠江《とおとうみ》、信濃《しなの》十カ国の兵士を動員して、七〇九年に五カ月にわたる軍事行動をした。

**巨大な丸太で固めた多賀城**

この時期に朝廷の支配領域は、仙台平野と最上川流域を結ぶ線まで伸びた（二二九頁参照）。これ以後、関東地方、中部地方の人間がしきりに東北地方に移住した。

多賀城跡

また、すすんで朝廷に従って姓《かばね》を与えられる東北地方の首長も多くなった。

しかし朝廷の東北経営が楽に進んだのではない。これ以降、幾度にもわたる俘《ふ》囚《しゅう》の首長の反抗が見られた。

七二〇年と七二四年の俘囚の反乱は国司の手に負えず、中央から遠征軍を送ってようやく鎮められた。東北地方の反乱に対抗するために、七三〇年頃、多賀《たが》城《じょう》が築かれた。それは、東北地方制圧のための巨大な城であった。城の中には、政治を扱う陸奥国府《むつのこくふ》と陸奥、出羽の軍政の核となる鎮守府《ちんじゅふ》が置かれていた。

この多賀城跡の発掘が進められた。それによって約〇・七平方キロメートルの規模をもつ多賀城の周囲には、築地《ついじ》がくまなく巡らされていたことが明らかになった。その高さは六メートル、幅は二・七メートルにも及ぶ。低湿地を横切る部分の築地は、丸木や柵《しがらみ》でしっかりと固められた、幅一・五メートルの盛り土の上に作られていた。

そのことだけでも、多賀城の工事が、いかに大規模なものだったかがうかがえる。多賀城の完成は、東北経営が一段落したことを意味する。

### 陸奥の勇士を中央に呼んで抜擢した藤原仲麻呂

次いで、藤原仲麻呂が指導する積極策の中で、再び東北経営が活発化した。七六〇年に、仲麻呂の子の朝獦《あさかり》の主導のもとに、桃生柵《もものおのき》と雄勝柵《おかちのき》が完成し、朝廷の勢力圏はさらに北進した。

雄勝柵が桃生柵のかなり北方に位置することは、重要だ。雄勝柵の位置から、この時点で日本海沿岸の朝廷の領域がかなり広まっていることがわかる。ところが、北上川流域には朝廷と対立する縄文的小国がまとまっていたのだ。北上川流域が日《ひ》高見《だかみ》とされた理由はそこにある。

藤原仲麻呂らはきわめて強引な形で東北経営を行なった。この時、関東諸国の兵士や現地の郡司の一族、俘囚等八千余人が柵作りのために動員された。さらに、浮浪人や犯罪者を強制的に柵戸《きのへ》にしたことも見える。

また、この時期以降、中央で活躍する東北地方の豪族が見られるようになった。陸奥国牡鹿郡《むつのくにおじか》の首長で近衛中将《このえのちゅうじょう》にまで昇進した道嶋嶋足《みちしまのしまたり》はその一例だ。彼は「陸奥国大国造《むつのくにのだいこくぞう》」の地位にも就いていた。

しかし、彼のような者は例外であり、東北地方の首長の多くは地元とのつながりを重んじて故郷を動かなかった。彼らが円の発想を有し、息苦しい身分制の中に組み込まれることを好まなかったからだ。

そして、一部の首長の中央寄りの態度が多くの首長の不満を呼び、次の時期の俘囚の大反乱へと行き着いた。

## 完敗を喫した朝廷の大軍

神護景雲《じんごけいうん》元年（七六七）に桃生柵《ものおのき》の北方に伊治城《いじじょう》が築かれた。それからまもない七七〇年代には、藤原仲麻呂の没後しばらく中断していた東北地方への武力制圧が再開された。その時の一連の戦闘は、朝廷の正規軍と東北古代王国との最後の戦いになった。

その長期にわたる争乱のきっかけは、宝亀《ほうき》元年（七七〇）に俘囚の首長で宇漢迷《うかめの》宇屈波宇《うくつはう》という者が、一族をまとめて「賊地」に亡命したことであった。彼は、北方の小国に行き、兵を養いながら桃生柵を攻めてやると広言した。

朝廷は道嶋嶋足を派遣して彼を呼び戻そうとしたが、「裏切者」が訪ねて来たことが、宇屈波宇らの怒りを増すことになった。朝廷の東北地方への関心が薄い時期であれば、事件はそのままうやむやになったかもしれない。しかし朝廷は、その時、陸奥国司に蝦夷には厳しく接せよと訓令した。

そのために、辺境で小競り合いが続いた。そして朝廷側のたび重なる干渉に腹を立てた蝦夷の小国群はついに団結して、七七四年に桃生柵を襲った。翌年には、出羽国の蝦夷もそれに呼応した。

朝廷は大軍を派遣したが、容易に勝機を摑めなかった。そうこうするうちに、七八〇年には、伊治城にいた総指揮官の紀広純《きのひろずみ》が部下の伊治呰麻呂《いじのあざまろ》に殺されてしまった。

呰麻呂も前にあげた宇屈波宇も、中央の高い文化に憧れて、一度は朝廷に従った。しかし身分制に厳密な中央から来た役人の横柄な態度に我慢できず、日頃から蝦夷の小国の自由な生活を懐かしんでいたのだ。

呰麻呂の活躍によって、蝦夷の軍勢はまたたく間に多賀城まで落としてしまった。

朝廷は急いで二〇〇〇名の正規軍を送った。すると蝦夷の軍勢は北方に逃げ去った。この時の指揮官、藤原小黒麻呂《おぐろまろ》は、賊衆は四千余人もいたのに、自軍が斬ったのはわずか七十余人だと悔しがった。

## 阿弖流為の奮戦とその死

その後、一〇年近くにわたって辺境での紛争が続いた。そして、延暦《えんりやく》八年(七八九)に大墓阿弖流為《たものあてるい》という蝦夷軍の強力な指導者が出現した。

彼は一四年間にわたって朝廷の軍隊をさんざんに苦しめた。東北地方北部の小国は、胆沢《いさわ》の阿弖流為の下に団結して朝廷の勢力を駆逐する勢いを見せたのだ。

阿弖流為の名前は、「気前のよい」の意義をもつアイヌ語の「アッテルィ」に当たるとされる。この時期の蝦夷の言語がアイヌ語に通じる点には注意しておく必要がある。

大墓という姓《せい》をもつことから阿弖流為を俘囚と見る説もある。しかし、この時期の朝廷の勢力圏は胆沢には及んでいない。彼は独立した小国の首長で、かつて朝廷に交易を求めて姓をあたえられたのであろう。

彼は、三回にわたって送り込まれた五万、一〇万、四万の大軍を退けた。特に七八九年の戦いでは、朝廷側が死者一〇〇〇名、負傷者二〇〇〇名を出したのに、阿弖流為の軍勢の損害は一〇〇名に満たなかったと記録されている。

日本海の対岸の沿海州から東北地方に、蒙古系の優秀な馬が渡来してきていた。この馬を育てて強力な騎馬隊を組織したことが、阿弖流為の勝因だった。中世に至るまで東北地方は名馬の産地として知られていた。

八〇二年にようやく坂上田村麻呂《さかのうえのたむらまろ》が胆沢城を築き、阿弖流為を降《くだ》した。朝廷は翌年には、さらに北方に志波《しわ》城を置いた。その後、朝廷の東北経営は順調に進められた。

文室綿麻呂《ふんやのわたまろ》は、弘仁《こうにん》二年（八一一）に正規軍と俘囚の軍勢とを組織して、爾薩体《にさて》、閉伊《へい》を平定した。これによって朝廷の領域が奥入瀬《おいらせ》川の手前にまで広まった。彼は、都に帰るや三八年間の辺境の争乱はここに終結したと誇らしく語った。なお、日本海側の朝廷の勢力圏は米代《よねしろ》川の手前までであった。

## 短命に終わった清原氏と奥州藤原氏

朝廷の組織的な東北経営は、九世紀初頭に終わった。九世紀末の元慶《がんぎょう》の乱《らん》は、秋

### 安倍・清原・奥州藤原氏の勢力圏

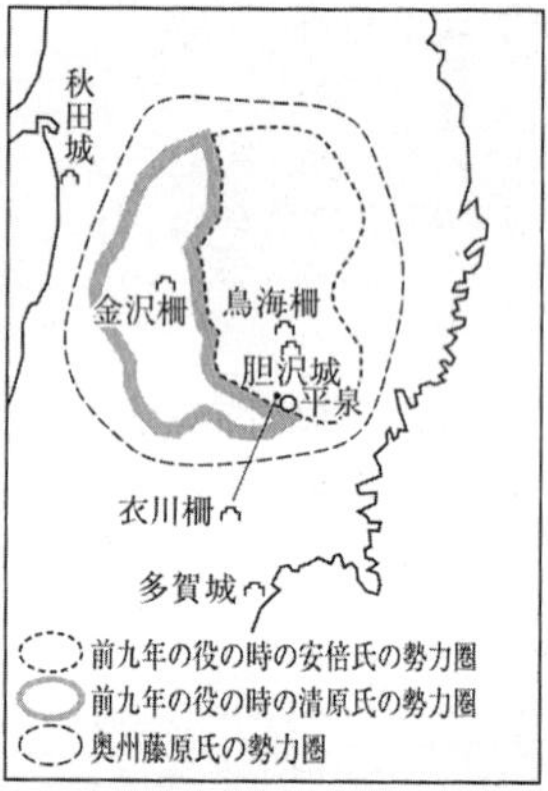


田平野の俘囚の農民反乱にすぎない。

一〇世紀になると、各地方に荘園が広まり、地方政治は受領《ずりょう》に委ねられることになった。そのため広大な荘園を把握する武士は、朝廷から半ば独立した勢力を構成することになった。彼らは年貢等を納める限り、荘園内の統治権、裁判権を一手に握れたのだ。

その時期に、蝦夷の系譜を引く政権が再び浮上した。安倍《あべ》氏、清原《きよはら》氏、奥州《おうしゅう》藤原氏はその代表的なものだ。津軽の安東《あんどう》氏も、彼らに近い性格をもつものだ。

朝廷に従った東北地方の首長は、当初おとなしく国衙《こくが》の支配を受けていた。ところが、その中から荘園制の下で力をつけてきた者が出た。もっとも、そのこと自体は珍しい現象ではない。一一世紀には、日本全国に国司（受領）を凌ぐ勢力をもつ武士が出現しているからだ。しかし、関東地方以西の武士は財力をもつと中央での出世競争に血道をあげた。

ところが、東北地方の有力者は朝廷から自立する道を選んだ。安倍氏は、俘囚の長をつとめた豪族だ。朝廷に従った時に、すでに郡司程度の力をもっていたのだ。それが、一一世紀中葉に胆沢《いさわ》等六郡を押さえて、租税を納めなくなった。明らかに朝廷への離反行為だ。

そのため、源頼義《よりよし》が安倍氏を討った。これが前九年《ぜんくねん》の役《えき》だ。その時に頼義を助けた出羽の清原氏は、安倍氏の旧領を併せて一一世紀末に全盛を誇った。

しかし、清原氏は内紛で衰退した。これが、後三年《ごさんねん》の役《えき》だ。その後を受けた奥州藤原氏は、一二世紀末の秀衡《ひでひら》の代に平泉に独立政権を築いた。都の文化を受けて貴族化していても、彼は一時的に東北王国を再興したと評価できる。

もっとも、前頁に示したように安倍氏、清原氏、奥州藤原氏の勢力範囲は、一戦国大名のそれにも及ばない狭いものだ。そのうえ東北地方の諸豪族を組織し得なかったために、彼らの政権は短命に終わるのだ。

# 荒脛巾神を祭る安東氏

## 縄文時代の伝統を引く荒脛巾神

大和朝廷の勢力が確立した後にも、縄文時代特有の精霊崇拝の伝統は日本各地に根強く残った。縄文的な神々は、やがて神社で祭られるようになり、その多くは、国司の指導で平安時代までにもとの名前を失い、日本神話に登場する神へと変わっていった。首長霊信仰によらない土着の神が、国神《くにつかみ》である大国主命に変わることが多い。

しかし、現在でも日本神話にない神を祭る神社がある。そのようなところには、かつて朝廷の支配を受け入れない勢力がいたと考えてよい。最も広く分布する縄文的神を荒脛巾神《あらはばきがみ》（荒吐神《あらばき》）という。

青森県五所川原市には、荒吐神を祭る洗磯崎《あらいそざき》神社がある。それは、安東氏《あんどう》の祖神とされるものだ。縄文的流れを追って行くと、その多くが安東氏に行き着く。これは中世に活躍した安東氏が東北地方の蝦夷の流れをひく最後の勢力だったことを示す。

埼玉県さいたま市氷川《ひかわ》神社は、武蔵一宮《いちのみや》（平安時代末に一国の中で最も重んじられた神社）で、もとは荒脛巾神を祭るものだったと考えられる。そこには、江戸時代末の天保《てんぽう》年間まで「荒波々幾社《あらはばきしゃ》」という摂社があった。

現在の氷川神社は、素戔嗚尊《すさのおのみこと》、奇稲田姫《くしいなだひめ》（素戔嗚尊の妃）を祭る。もとの神を摂社に落として、日本神話の中の神を祭れという朝廷の指導で、そうなったのだ。氷川神社が当初から素戔嗚尊等を奉祀するものであったならば、後世に日本神話に見えない荒脛巾神を摂社にする理由は全くない。

現在でも氷川神社がもとの武蔵国の領域に二二二社あることから、古代の武蔵国で荒脛巾神が盛んに信仰されたありさまがうかがえる。

東京都あきる野市二宮《にのみや》神社の末社「荒波々伎《あらはばき》神社」、神奈川県厚木《あつぎ》市小野《おの》神社末社「阿羅波婆枳《あらはばき》神社」、こういったものを拾っていくと荒脛巾神の分布は出雲にまで及ぶ。

## 手長、足長の神と縄文的信仰

脛とはすねをさす。つまり、「荒脛巾」は、足早に移動するありさまを表わす語だ。荒脛巾神とは急速に変化する自然をつかさどる神だ。さらに、古代の文献に見える「長髄彦《ながすねひこ》」「七拳脛《ななつかはぎ》」「八掬脛《やつかはぎ》」といった人名も、荒脛巾神の能力を負う者を表わす。「長髄彦」は『日本書紀』等に姿を見せるだけでなく、安東氏の系図に登場する。『熱田太神宮縁起《あつただいじんぐうえんぎ》』は七拳脛を「駿速をもって駈ける」人という。

長野県諏訪《すわ》市には、手長《てなが》神社と足長《あしなが》神社がある。そこの神は、諏訪明神の家来の手長、足長の巨人だと伝えられるが、もとは荒脛巾神と同系統の神であったろう。

手長、足長の神を祭る神社は、福島県新地《しんち》村手長明神等、幾例か見られる。『釈日本紀』が引く「越後国風土記《えちごのくにふどき》」に次の記事がある。それは、荒脛巾等の神を祭る集団が、もとは朝廷の支配の外にいたことをうかがわせるものだ。

「美麻紀《みまき》の天皇（崇神）の御世、越《こし》の国に人あり八掬脛と名づく。其の脛《すね》の長さは八掬、力多く太《はなは》だ強し。是は土雲《つちぐも》の後なり」

『日本書紀』等は、朝廷に反抗した異文化の持ち主を土蜘蛛《つちぐも》（土雲）、国栖《くず》等と表記している。神武伝説の中に、土蜘蛛の姿を伝える文章がある。

「其の為人《ひととなり》、身短くして手足長し。侏儒《ひきひと》（小人）と相類《あいに》たり」

これは事実ではあるまい。朝廷が手長・足長の荒脛巾のような神を祭る者を蔑んでこのように記したのだろう。

**非農業民の国栖と土蜘蛛も縄文的文化をもつ**

山中や海岸に住む非農業民の多くは、かなり後まで、前にあげた縄文的神を祭り、縄文時代の習俗のままの生活をしていた。しかし、朝廷はしだいに非農業民も支配下に取り込んでいった。

神武天皇は、吉野の国栖を従え、菟田《うだ》や葛城《かつらぎ》の土蜘蛛を討ったと伝えられる。彼らは奈良盆地の南方の山地に住む人びとだった。朝廷では吉野の国栖が大嘗祭《おおなめのまつり》等の時に御贄《みにえ》（供え物の食料）を献上して歌笛を奏する習慣が作られた。農耕民と異なる習俗の者が従うありさまを示すことによって、大王の支配を権威づけるためである。

『肥前国風土記《ひぜんのくにふどき》』には、景行天皇が値嘉島《ちかのしま》（五島列島）の土蜘蛛を従えた記事がある。これは、朝廷が九州の漁民を従えた話だ。阿曇百足《あずみのももたり》に捕えられた大耳《おおみみ》という者が、これから毎年、海産物を献上すると誓って、「海部《あまべ》」の姓《せい》を与えられた。

彼らは隼人に似た姿で、変わった言葉を用いていたという。応神天皇の時に各地の「海人《あま》（海部）」が不思議な言葉を用いて騒いだ記事もある。朝廷の水軍を指揮する阿曇氏がその騒動を静めた。漁民が騒ぐありさまを「訕哤《さばめ》く」といい、人びとは彼らを「佐麼阿摩《さばあま》」と呼んで恐れたという。非農業民や隼人、蝦夷の文化、言語の中には朝廷の理解の及ばぬ部分もあったのだ。

弥生文化の影響をうけなかった彼らは、縄文文化の伝統を引く共通の文化を有していたのだ。

しかし、縄文系の文化を保有する者がすべて朝廷と争ったわけではない。彼らの多くは、固有の知識を教えつつ農耕民に同化していった。

佐嘉《さか》川の川上に荒神《あらぶるがみ》がいて、川を渡る者の半分は通し半分は殺した。そこで、土蜘蛛の婦人の教えで人形《ひとがた》と馬形《うまがた》を用いて神を祭ったところ、川の神は悪事を働かなくなった。瓊々杵尊《ににぎのみこと》が高天原《たかまがはら》から下って来ると、あたりは一面の闇だった。その時、二人の土蜘蛛が来て、四方に籾をまくように勧めた。それに従って尊は周囲を明るくした。

『肥前国風土記』のこういった話は、土蜘蛛と呼ばれた人びとが自分たちの有益な文化を農耕民に伝えたことを物語るものだ。

## 東北地方の白鳥信仰

現在でも、東北地方を中心に白鳥信仰が広がっている。それは、白鳥を人の霊魂を運ぶ鳥として祭る、縄文的な精霊信仰の系譜を引くものだ。

その信仰は、日本武尊の死後、その魂が白鳥になったという話になって『日本書紀』等にも取り入れられている。

宮城県刈田《かった》郡と柴田《しばた》郡は、最も熱烈な白鳥信仰が行なわれた土地だ。

「刈田郡で一揆が起こっても怖くない。竹の先に白鳥の羽をつけて突き出すと一揆勢は逃げ散ってしまう」

仙台藩主伊達慶邦《だてよしくに》はこのように言ったという。

戊辰戦争の時に、柴田郡で白鳥を撃っていた官軍の兵士が地元の武士に襲われたこともある。刈田郡では近年まで、道端に落ちている白鳥の羽に触れると指が赤く腫れると信じられていた。

岩手県奥州《おうしゅう》市の「白鳥の館」や同県二戸《にのへ》市「白鳥城」は、中世の武士の白鳥信仰を伝える史跡だ。安東氏の居城の一つ藤崎城は、別名を白鳥城といった。安東氏も白鳥信仰をもっていたのだ。

東北地方には、その他にも恐山《おそれざん》や川倉地蔵のイタコ、弘前市の久渡寺《くどじ》等のオシラサマ、座敷童子《わらし》等、日本神話では説明づけられない信仰が多い。それらは、人間と自然とが一体になって生きていた縄文時代の精霊崇拝の系譜を引くものと考えられる。

精霊崇拝を重んじた最後の豪族が安東家である。彼らは、縄文的神である長髄彦の兄、安日彦《あびひこ》の子孫だと自称していた。

## 中世の津軽の暴れ者、安東家

安東家の子孫の中に、江戸時代に三春《みはる》藩主になった秋田家がいる。明治政府が旧大名の系図の提出を求めた時、秋田家が提出した系図が政府を困らせた。祖先を長髄彦の兄、安日《あび》王としたからだ。朝敵の子孫が華族になっては困る。そこで、別の系譜を出すように求めたが、秋田家は頑として受け付けなかった。安日王が馴染み深い神だったからだ。

安東氏の動きを中心に津軽の中世史の大筋を摑んでおこう。

平安末期の津軽地方には、蝦夷の系譜を引く小豪族が分立していた。安東家はその中の最も有力なものだった。左頁に示したように、安東一門は青森県から北海道南部に及ぶ範囲に広まってる。

しかし、その地域には他の豪族も多かった。十三湊《とさみなと》には、奥州藤原氏の同族と唱える十三《とさ》藤原氏がいた。安東一門も、本家を中心に団結していたわけではない。そのため、安東家は独立政権を作り得なかった。ゆえに、奥州藤原氏の滅亡後の津軽は、鎌倉幕府が置いた奥州総奉行《おうしゅうそうぶぎょう》の支配下に編入された。それ以来、曾我《そが》、工《く》藤《どう》、宇佐美《うさみ》等の関東の武士が津軽に移住して来た。

また、青森県の太平洋側の糠部《ぬかのぶ》には、甲斐源氏の系譜を引く南部《なんぶ》家が下向した。南部家はやがて青森県東南部から岩手県東北部にかけての地域を押さえ、安東家の宿敵になっていった。

### 安東一族の勢力圏

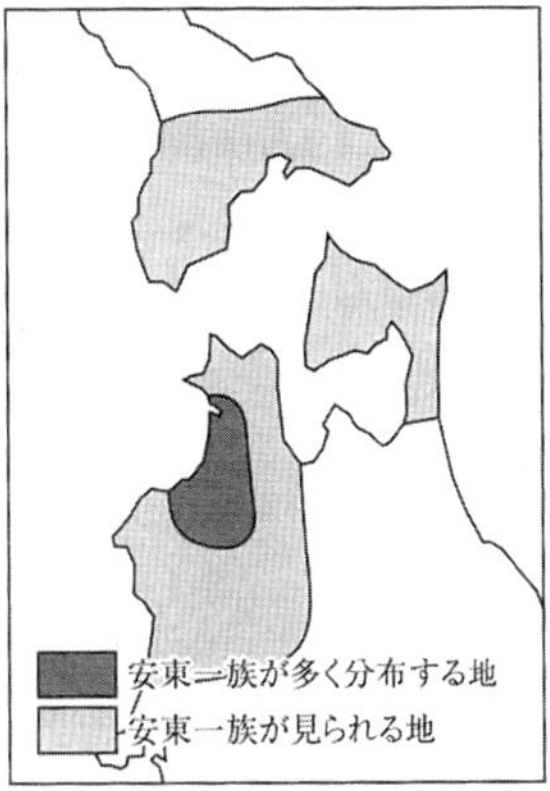


北条義時が幕府内での権勢を確立すると、安東家は積極的に北条家に接近した。そのおかげで、安東家は一三世紀初頭に幕府から蝦夷管領《えぞかんりょう》に任命された。それは、北海道との交易の監督と北海道への流刑人の管理に当たる役目だった。

自力で北海道を押さえられない幕府

十三湖

は、北海道南部の安東家の勢力を利用しようと企てたのだ。蝦夷管領は津軽守護《つがるしゅご》人《にん》とも呼ばれた。幕府が安東家にその勢力圏の軍事権、警察権を委ねていたからだ。

それからまもなく、安東家の本拠は、藤崎《ふじさき》から十三湊に移った。関東から移住した新興の武士たちが、津軽内《うち》三郡（青森県南西部）に勢力を伸ばして、安東家を圧迫したためだ。領地を削られた安東家は、十三藤原氏を破り、交易に活路を見出そうとした。これ以降、津軽船が日本海航路で活躍するようになった。彼らは、北海道産の鮭や昆布を各地に持ち込んだ。

安東家はしきりに北条家に贅沢な貢進

物を贈った。ところが、元亨《げんこう》二年（一三二二）に、「津軽大乱」と呼ばれる七年間にわたる安東家の内紛が起きた。それは、幕府軍の二度にわたる出兵により、ようやく治まった。安東一族は、もともと緩い結合しかもっていなかったが、この事件以降、安東一族は分裂し、衰退していった。

つまり、十三湊に拠る安東家の繁栄は一〇〇年も続かなかったのだ。

## 安東家が江戸の大名秋田氏になる

南北朝の動乱の中で、南部家の勢力が津軽に及んできた。南部師行《もろゆき》が、南朝方の北畠顕家《きたばたけあきいえ》についてめざましい活躍をし、津軽の支配権を与えられたのだ。その時期に、南部家の勢力は急伸した。一四世紀中葉には曾我《そが》家を滅ぼし、関東系の工藤《くどう》、葛西《かさい》両家を一方的に押しまくっていった。

一五世紀中葉に南部家はついに、十三湊を落とした。安東家の当主、康季《やすすえ》は北海道の松前に後退した。しかし、そのことで安東一門が滅んだわけではない。北海道に安東一族は多かったし、安東惟季《これすえ》は湊《みなと》（今の秋田市の近く）に拠って南部家との抗争を繰り返していた。

その後、安東家は渡島《おしま》半島に拠りつつ津軽回復を狙うが、それを果たせず、やがて湊に移った。戦国の動乱の中で、安東家から離反した蠣崎《かきざき》（松前）家が渡島半島を押さえ、安東家の主流は秋田家と改姓して出羽北部を勢力下に組み込んだ。一方、南部家は配下の大浦為信《おおうらためのぶ》に津軽を奪われた。為信は十三藤原氏の子孫と称して津軽家と改姓した。

このようにして、安東一族は津軽から姿を消していった。秋田家は、秋田を本領として確保した形で徳川幕府に従った。そして、のちに本城を常陸宍戸《ひたちししど》五万石をへて陸奥三春《むつみはる》五万石へと移されるが、幕末まで存続した。

# 続縄文文化の国と按司の国

### 弥生時代のない地域

一二世紀に安東家が鎌倉幕府に従ったことによって、東北地方から九州地方に至る日本列島の大部分は一つにまとまった。しかし、北海道と沖縄が日本に組み込まれるためには、それ以降、長い年月を要した。

北海道と沖縄は、縄文時代には本州、四国、九州と共通の文化を保有していた。しかし、両者には、縄文から弥生への転換が見られなかった。

北海道の続縄文文化も、沖縄の貝塚時代後期の文化も、基本的には縄文文化と共通の性格をもつものだった。つまり、首長霊信仰を抱く大和朝廷が日本を統一する前に、その二地域は中央と異質な文化をもつようになっていたことになる。すなわち、そこは一度は日本文化圏から離れたのである。

## 北海道・沖縄の文化と日本史の年代

| | 北海道の文化 | 日本史の年代 | 沖縄の文化 |
|---|---|---|---|
| | 縄文文化 | 縄文文化 | 貝塚時代前期の文化（縄文文化） |
| 前1000年 | | 弥生文化 | |
| 前500 | | | 貝塚時代後期の文化 |
| 0 | | | |
| | | 古墳文化 飛鳥時代 | |
| 500 | 続縄文文化 | | |
| | オホーツク文化 擦文文化 | 奈良・平安時代 | |
| 1000 | | | |
| | | 鎌倉・室町時代 | グスク時代の文化 |
| 1500 | アイヌ文化 | | |
| | | 江戸時代 | |

つきつめて考えれば、北海道と沖縄は江戸時代以降の征服活動によって日本に組み込まれたことになる。琉球神道は中央のものと異なる精霊崇拝と祖霊信仰の性格を強くもつものだ。アイヌの宗教には、精霊崇拝の要素が多い。中世までの沖縄は、日本と中国の両者と交流をもっていた。人類学者はアイヌや沖縄の人骨は、中央の人骨より原アジア人のものに近いという。このような北海道、沖縄と中央との違いは、いくらでも拾える。

しかし、弥生時代以後に中央と北海道、沖縄との交渉が途切れたわけではない。北海道から沖縄に至る地域の人びとは、かつて縄文文化を共有していたことによって、通じあう面をもっていたのだ。現在、北海道から沖縄までが日本という一個の国のまとまりを形成している理由はそこに求めるべきだ。沖縄が一時的に中国に朝貢していたとしても、沖縄の古代文化は中国のそれと根本的に異なるのだ。

## エミシからエゾへ

考古学から北海道の文化の流れを示すと、前頁のようになる。

寒冷地の北海道では水稲耕作が行なわれなかった。そのため、四世紀末に本州北端まで弥生文化が広がっても、北海道の人びとは縄文時代と同じ狩猟、漁撈、採集などの生活を営んでいた。

五世紀になると、北海道に鉄器が伝わった。そこで、金属器と縄文土器が用いられた五世紀から七世紀に至る段階を、続縄文文化と呼ぶ。続縄文文化の時代には、農耕の有無を除外すれば、東北地方の文化と北海道の文化とは近い関係にあった。

余市《よいち》フゴッペ洞窟は、この時代を代表する遺跡だ。そこでは豊漁を祈る祭祀が行なわれていた。岩壁には、魚、船、人物等の二〇〇種類に及ぶ彫刻が残されているが、その意匠は本州以南のそれと共通する。

八世紀に、北海道は擦文《さつもん》文化の段階を迎えた。擦文土器は、表面に刷毛《はけ》で擦《こす》った文様を付した灰褐色か褐色の土器だ。それは、東北地方北部の土師器《はじき》にならって作られた。

しかし、擦文文化の時代に、北海道と東北の文化の違いが生じた。そして、擦文文化と、その時期にオホーツク海沿岸に北方から伝わった文化とが融合して、アイヌ文化が作られた。

ただし、縄文文化からアイヌ文化に至る時代の社会の発展は連続したものであった。北海道北見《きたみ》市常呂川河口《ところがわかこう》遺跡や北海道余市《よいち》町大川《おおかわ》遺跡では、縄文時代からアイヌ文化の時代に至る遺跡が連続して出土している。このことは、そこの縄文人の集団がそのままアイヌの集落になったことを示している。

続縄文時代の人骨は、アイヌの人骨に近い。しかし、アイヌと日本人とを厳密に区分することは難しい。弥生時代に大陸からきた人びとと混血しなかった縄文系の人びとがアイヌの先祖になったからである。しかも、縄文人の言葉はアイヌ語のもとになっている。

東北地方には、アイヌ語のベツ（大きい川）、ナイ（小さい川）の付く地名が多い。

## 東北地方のアイヌ系地名　「ベツ」分布図

山田秀三氏作成の資料による

その分布を示すと、前頁の図のようになる。そこから、近年まで、アイヌ語と共通する縄文系の言葉の系譜を引く方言を話す人びとが東北地方南部にまで広まっていたことがわかる。

津軽には、江戸時代まで蝦夷《えぞ》村があった。それは、北海道から来たアイヌの村落ではなく、本州に残った縄文的文化に固執した人びとの集まりであった。このように東北地方に縄文文化の名残りが根強く受け継がれたのだ。

朝廷の東北経営が一段落する九世紀末に、「蝦夷」の語の訓《よ》みが「えみし」から「えぞ」に変わった。「えぞ」は「人間」を意味するアイヌ語の「エンジュ」が転訛《てんか》したものだ。

東北地方の反朝廷勢力がなくなったため、朝廷は、その支配権の中で縄文系の異文化をもつ人と北海道のアイヌだけを、東方の野蛮人（蝦夷）と考えるようになったのだ。

## 札幌で発見された古代の市《いち》

しかし、蝦夷と呼ばれた縄文系の文化をもつ人びとも、九世紀末以降、徐々に日本文化を受け入れて日本人の中に組み入れられていった。明治維新まで残ったのがアイヌだ。

続縄文文化の時代は、朝廷が東北地方を支配下に組み込む前に当たる。その時代には北海道と東北地方との交易が盛んに行なわれていた。それは多くの続縄文時代の土器が、東北地方で発見されることからわかる。また、東北地方の弥生土器は、道南から道央へと広がっている。

札幌市K一三五遺跡は、続縄文時代の広大な市《いち》の跡だ。そこでは、石器、海産物、果実等が交易されていたが、その中に弥生後期末の土器もあった。青森県の土器が札幌までの長距離を移動したのだ。

そのことから、続縄文に続く擦文文化は本州からもたらされたと評価できる。

## アイヌの祖先が作った古墳

擦文文化の時代にも、北海道と本州北端との交易は続けられた。そのおかげで、米、鉄器、銅銭等が北海道に持ち込まれた。

しかし、全体的に眺めると、朝廷の勢力が本州北端に伸びていくにつれて、東北地方の人びとは朝廷との関係を重んじるようになり、北海道とのつながりを弱めていった。津軽海峡を挟んで生活する者たちの、一方は農業、一方は狩猟、漁撈という異なる生活をしていたことも、両者の文化を切り離すもとになった。

もっとも、江別《えべつ》市と恵庭《えにわ》市に三二基の九世紀初頭もしくは中葉の北海道式古墳があることには注目してよい。それらは直径三、四メートルの小型の円墳だ。そこに納められた蕨手刀《わらびてがたな》、毛抜形刀《けぬきがたかたな》は、東北地方の終末期の小型の円墳からも出土した。特に、秋田県五城目《ごじょうめ》町岩野山《いわのやま》古墳の毛抜形刀は、北海道のものときわめて類似する。

しかし、その古墳から「北海道にまで首長霊信仰が広まった」と主張することは難しい。

中央の文献にも、北海道と出羽との交易の記事がある。延暦《えんりやく》二一年（八〇二）には、貴族たちに勝手に出羽に下って毛皮を買うことを禁じる命令が出されている。そこには彼らのせいで、渡島《わたりしま》（北海道）の蝦夷がもって来る毛皮の中の麁悪《そあく》な物しか朝廷に入らなくなったとある。

北海道の人びとが、日本海航路を用いて出羽に行き、毛皮を鉄器等と交換していたのである。

前に紹介した安東家も、北海道との交易に従事した。しかし、北海道と東北地方の交易に関する史料は少ない。九世紀初頭以降の津軽海峡では、小規模な物品の流れと、それに伴う人間の交流だけが行なわれていたとするべきである。

北海道南端は、一五世紀中葉に再び注目されるようになった。北海道の昆布、鮭等が有用な商品となったため、東北地方の豪族が交易の利を求めて渡島《おしま》半島南部に館《たち》を作ったのだ。彼らの中には、争乱で本領を追われたものが多かった。

## 館の分布

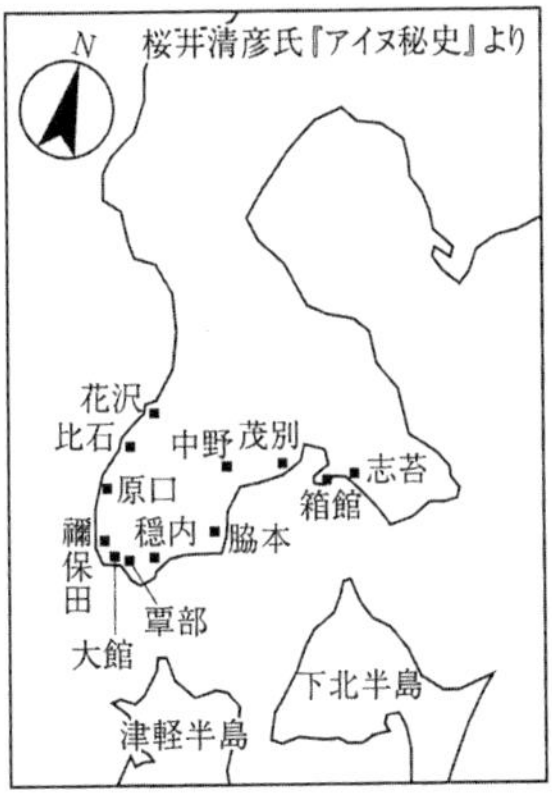


桜井清彦氏『アイヌ秘史』より

館は海や河川にのぞむ台地上の要害の地に設けられた。館を中心に農耕も行なわれていた。しかし、図に示したように狭い地域にひしめきあう館の間には勢力争いが続いた。しかも、アイヌとの衝突も多く、志苔館《しのりだて》は、永正《えいしょう》九年（一五一二）のアイヌの攻撃で陥落した。

このように、館の生活はけっして楽ではなかったが、一六世紀末に松前家が北海道南端を統一したことをきっかけに、中央の勢力は急速に北海道内に伸び、北海道への移住者がふえていった。

## 交易民が活躍した沖縄

沖縄の文化の流れは、二六四頁の表のようになる。沖縄ではグスク時代になって初めて稲作が開始された。つまり、一二世紀末まで漁撈、採集による生活が行なわれたのだ。グスク時代の開始以来、沖縄は日本、中国、東南アジアとの貿易で栄えた。そのことが、日本と沖縄のつながりを強め、沖縄が日本の中に組み込まれる遠因になった。

沖縄の一二世紀以前は一括して貝塚時代と呼ばれる。その中の、日本の縄文文化に対応する部分が前期、弥生文化以降に当たる時期が後期とされる。

貝塚時代後期の沖縄の人びとは九州としきりに交易をしていたが、弥生文化を受け入れなかった。かなりの数の弥生土器が沖縄に持ち込まれているのに、水田跡も、炭化米、石庖丁等の農具も全く見られないのだ。

九州の弥生時代の遺跡では、沖縄産のゴボウラを用いた貝製腕輪が多く発見された。しかも、沖縄では、ゴボウラの集積所も発掘されている。つまり、ゴボウラを九州に送って土器等を入手した集団が沖縄にいたのである。

しかし、同じ時期の沖縄の人びとは、中国との交易も行なっていた。沖縄各地で出土する中国の古銭はそのことを物語る。沖縄の人びとは、中国、日本の双方の文化に関心を示しながらも、円の発想にこだわり、長期にわたって水稲耕作を拒否していた。

沖縄は、一三世紀にグスク時代を迎えた。グスク時代に農耕が始まり、沖縄各地に小国が発生した。グスクは、石を積んで作った砦で、奄美諸島から八重山諸島までの間に三〇〇余り見られる。グスクの跡からは、炭化米、麦、牛、馬の骨が出土する。

グスクの支配者を按司《あじ》という。按司の下でヌルと呼ばれる女性の祭司が活躍した。

グスクからは、古銭、玉類、金属器等多くの舶来品が出土する。とくに中国製陶磁器が、沖縄全般に広く分布することは重要である。按司が仲介貿易で成長したありさまがうかがえるからだ。この時代の沖縄には、日本と中国の物産だけでなく東南アジア各地の品物まで見られる。

一四世紀中葉に沖縄の按司は、山北、中山、山南の三勢力に編成された。さらに、一四二九年に尚巴志《しょうはし》がそれらを統一して琉球《りゅうきゅう》王国を作り上げた。それ以来、沖縄は交易国家として繁栄した。

しかし、貿易の利に目をつけた島津家が、一六〇九年に遠征軍を送り込んだ。そのために、沖縄は島津家の支配下に組み込まれてしまった。島津家は琉球に名目上はそれまでどおり明《みん》(のち清《しん》)の朝貢国となるように指導した。それによって中国の産物を得たのだ。

尚氏は将軍の代替りごとに慶賀使を江戸に送って忠誠を誓い、島津家には砂糖等を上納することになっていた。

このようにして日本の沖縄に対する支配は確立したが、江戸時代を通じて尚氏は形式上は日本と中国の両者に従う形をとっていた。そのため、明治維新の時に、初めて沖縄が正式に日本の一部になった。このことによって、真の日本統一が完成したと評価できる。

# 終章　古代日本文化の三つの流れ

## 日本文化の原像

これまで記してきたように、日本という国は、首長霊信仰をとる王家（皇室）の手で長期にわたってつくり上げられてきたものである。厳密にいえば、北海道の大部分と沖縄が日本国の一部になるのは、明治維新後まもない時期であったといえる。

かつて日本人は、精霊崇拝のうえにたつ縄文文化を共有していた。沖縄の文化も、アイヌの文化も縄文文化から発展していったものである。

弥生文化の入った地域では、精霊崇拝を発展させた祖霊信仰がつくられ、さらに王家の手で祖霊信仰が首長霊信仰に発展していった。首長霊信仰は、精霊崇拝を否定するものではなく、王家の祖先の霊魂が多くの精霊にはたらきかけてかれらを指導して自然を整えるとするものであった。

朝廷が支配する地域では、首長霊信仰にたつ文化が発展していった。そして、朝廷の支配をうけなかった北と南で、中央のものと異なる文化の展開がなされた。このようにみてくると、日本の古代文化が、大和のもの、沖縄のもの、アイヌのものに分かれていったことがわかってくる。

それゆえ日本の古代文化の原像について知るためには、それらの異なる三様の文化の特性をつかまねばならないのである。

## 亜熱帯に育つ国際的文化

沖縄の人びとが日本人の一分枝であり、沖縄の言語が日本語の一方言であることはまちがいない。しかし、本来は日本の一部であった沖縄は独自の歴史を辿ることになった。

九州南端にいた隼人は、朝廷に征服されて中央と同化したが、奈良時代の朝廷の支配は海を越えた沖縄までは及ばなかった。そのため、沖縄における鉄器の普及が日本本土より九〇〇年ほど遅れることになってしまった。その間の沖縄の人びとは、狩猟、漁撈などで食料を得る平和な生活をおくっていた。

弥生土器や中国産の遺物がこの時代の沖縄に入りこんでいることからみて、海路による日本や大陸との往来があったことがわかる。そして、沖縄が第一尚氏に統一されたのち（一五世紀はじめ）に、尚氏の保護のもとに沖縄の商人の広域にわたる活躍がはじまった。

かれらは、中国や東南アジアと大がかりな貿易を行ない、日本とも往来した。これによって、中国、東南アジア、日本の多様な文化が沖縄に入り、そこで独自の文化をつくり上げた。現在私たちの目には、沖縄の伝統文化は南国風の異国情緒あふれるものと映るだろう。

しかし、沖縄に古代日本の信仰の伝統がのこっている点も見のがせない。沖縄のあちこちに、御嶽《うたき》と呼ばれる祭りの場がみられる。それは、ふつうは集落の近くの小高い丘の上か山の中腹の聖なる森につくられている。

御嶽は、神が下りてくるとされる岩や巨木のおかれた威部《いび》という聖なる場所と、その前の御嶽家《おんやあ》と呼ばれる拝殿を中心につくられている。御嶽のまわりは低い石垣で囲まれており、その正面に鳥居がある。

このような御嶽のつくりは、神社のありかたと共通する。御嶽に来る神を「おなり神」という。その神は、ふだんは海のはてにあるニライカナイという神々の世界

## 神社と御嶽の比較

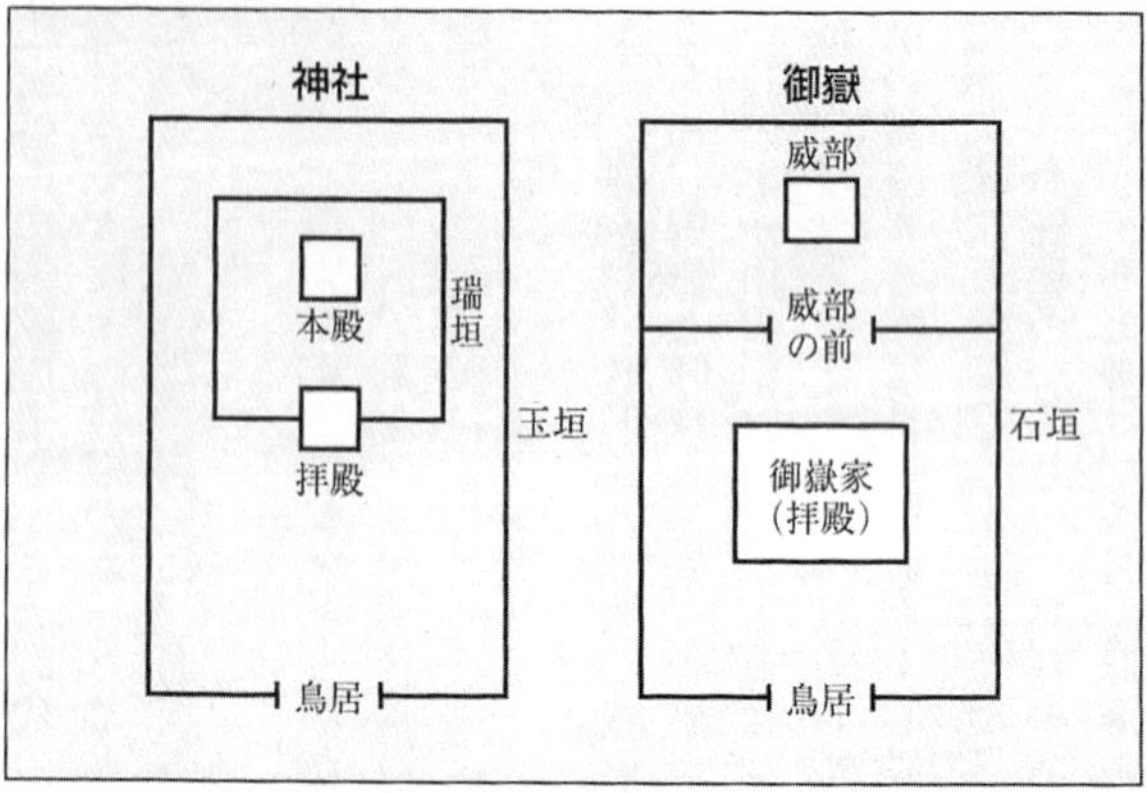


にやって来るとされる。

こういった神々のありかたは、日本神話の古い部分にみられる、神は平素は海のはての常世国《とこよのくに》にいるとする信仰と共通する。日本でも、神々は春や秋祭りの日に人間の世界を訪ねて来て、祭りが終わると去っていくとされている。

沖縄の信仰を日本の神道と区別して「琉球神道」と呼ぶこともあるが、琉球神道の研究の深化によって、縄文時代以来の信仰の特性の一面が明らかになってくると思われる。

### アイヌの生活

沖縄では、琉球王国（第一尚氏、第二

尚氏）という統一政権がつくられたが、北方では大和朝廷などの日本の中央の政権に対抗しうるまとまりは生まれなかった。

江戸時代はじめに、縄文文化の流れをひく独自の文化をうけつぐアイヌがかなりみられた。そのころには、北海道全域、樺太南部、千島列島のほかに、津軽半島や下北半島にもアイヌの集落がみられた。

当時のアイヌの集団は、五〇人から六〇人ていどの同族から成り、乙名《おとな》などと呼ばれる者に指導されていたとある。アイヌは、河川の河口部にコタンと呼ばれる集落をつくり、サケ、マスなどをとって生活していた。

いくつかのコタンの上に立つ指導者は、いなかったともある。コタンの間では、漁撈場や狩猟場をめぐるなわばり意識による紛争がしばしば起こった。しかし、和人《わじん》（本州から来た人びと）との争いのさいには多くのコタンが団結した。

江戸時代に北方経営がさかんになり移住者がふえると、アイヌの勢力は後退していった。シャクシャインの戦い（一六六九年）のようなアイヌの大がかりな武力による反抗も起こったが、幕府や松前藩の北海道における支配はしだいに拡大していった。一七世紀末に津軽にアイヌが四二軒いたが、弘前藩が、一八世紀なかばから一九世紀はじめにかけてかれらを強制的に農民身分に編入したため津軽にアイヌはいなくなったとある。

江戸時代の北海道のアイヌは、シベリアや本州との交流をつうじて独自の文化をつくり上げていた。かれらは、もとはオヒョウなどの樹皮やイラクサという草の皮でつくった服や毛皮を着ていたが、江戸時代には本州から入手した木綿の小袖を用いるようになった。

アイヌ特有の信仰として、イヨマンテ（熊送り）に代表される、動物の霊を元の神の国へお返しする動物送りの儀式が注目されている。それは、あらゆる動植物が霊魂をもつとする精霊崇拝にもとづくものとみられる。

貝がらや獣の骨が出土する縄文時代の貝塚は、そのような動物送りの祭りの場であったと考えられている。弥生時代以後にすたれた縄文的信仰がアイヌ社会でうけつがれていたのである。

明治維新以後、アイヌ文化のなごりが急速に姿を消していったが、私たちは日本の古代文化の特性を正確につかむために、アイヌ語やアイヌ文化についてより深く知る必要がある。

## 縄文文化と現代日本

現代の日本の国は、江戸幕府が治めていた近代以前の日本の領域、沖縄、アイヌの居住地とをあわせてつくられたものである。それゆえ、日本の歴史を語るときに沖縄とアイヌの歴史を切り捨ててはならない。

そして、これまで述べたように沖縄の人びととアイヌの人びとは長期にわたって、日本の中央の文化と異なる文化を受けついでいた。かれらが明治時代の日本の近代文化を受け容れ、日本の標準語を身につけたことによって、はじめて「近代の日本国」というまとまりができた。

そうであっても、前近代の日本、沖縄、アイヌという三者の異質なものがあわさって「近代の日本国」ができたのではない点にも注目したい。沖縄の文化もアイヌの文化も、江戸時代の中央の文化と同じ縄文文化から発達したものなのである。

現代の世界史は、紀元前三〇〇〇年ごろに世界の四大文明の発生を重視する形で記述されている。四大文明とは、エジプトのナイル文明、イラクとその周辺のメソポタミア文明、インドのインダス文明、中国の黄河《こうが》文明である。

そして、世界の主要な文化はこの四大文明から発展したと考えられている。

これに対して、近年になって四大文明と同時期に、四大文明ほど有力ではないが独自の文明をつくった集団がいくつか指摘された。インカ文化などの先祖にあたる新大陸文化もその一つであるが、アジアでは考古学の発達が長江《ちょうこう》文明と縄文文化の姿を明らかにしつつある。

中国の揚子江流域では、黄河文明と同時代もしくはそれより前に都市国家を中心に栄えた長江文明が存在した。そして紀元前三〇〇〇年の日本には、独自の文化をもち「縄文都市」と呼びうる巨大な集落を営んだ集団がいくつかつくられていたとみられる。

アジア大陸を離れた日本に、黄河文明と異なる精霊崇拝の上に立つ固有の文化があった。日本文化は、黄河文明から発達した中国文化の亜流ではない。そして、その縄文文化の流れをうけた人びとが中国文化圏に飲み込まれずに、沖縄の文化、アイヌの文化をつくり上げた。

このようにみてくると、日本文化圏は縄文時代以来のものといえる。そして、そこをまとめたのが大和朝廷の流れをひく皇室であった。それゆえ、日本の政権交替の歴史は皇室を中心に動いてきた。そうであっても日本史を正確につかむためには、表面的な政争の歴史より、日本文化の発展の大きな流れに注目する必要がある。

# 日本統一に関する年表

| 西暦 | 50 | 100 | 150 | 200 | 250 | 300 | 350 |
|---|---|---|---|---|---|---|---|

| 時代 | 主なできごと |
|---|---|
| 弥生時代中期 | 奴国が後漢に朝貢する。（五七年）<br>吉野ヶ里が栄える。<br>瀬戸内海沿岸に高地性集落が広まる。<br>近畿地方に銅鐸が広まる。<br>倭国王帥升が後漢に朝貢する。（一〇七年） |
| 弥生時代後期 | 荒神谷に銅剣が埋められる。<br>卑弥呼が邪馬台国の女王になる。<br>近畿地方に高地性集落が広まる。<br>纒向遺跡ができる。<br>纒向石塚古墳が作られる。<br>卑弥呼が魏に最初の使者を送る。（二三九年）<br>倭の女王が晋に使者を送る。（二六六年）<br>箸墓古墳が作られる。 |
| 期 | 銅鐸が消えていく。<br>大和朝廷が邪馬台国を征服する。<br>椿井大塚山古墳が作られる。<br>春日氏が朝廷に従う。 |

| | |
|---|---|
| 朝鮮 | 高句麗<br>楽浪郡 313<br>帯方郡 204<br>韓 350年前後 百済・新羅・任那 |
| 中国 | 後漢 220 三国 265 西晋 317 南北朝 |

400

**古墳時代前**

出雲が朝廷の勢力下に入る。

東大寺山古墳が作られる。

東北地方に弥生文化が広まる。

葛城氏が朝廷に従う。

会津大塚山古墳が作られる。

日本の軍勢が高句麗の好太王と戦う。（三九一年）

毛野の天神山古墳が作られる。

東海地方が大和朝廷の勢力下に入る。

**古墳時代中期**

河内、吉備に巨大古墳が作られる。

関東地方が大和朝廷の勢力下に入る。

倭王讃が南朝に使者を送る。（四二一年）

450

河内の開発が進む。

稲荷台古墳の「王賜」の鉄剣が作られる。

倭王武が南朝に使者を送る。（四七八年）

下道氏が討たれる。

稲荷山古墳出土の鉄剣が作られる。

毛野以西の東山道が大和朝廷の勢力下に入る。

大伴氏が平群氏を討つ。

500

継体天皇が越前から入って王位を嗣ぐ。

550　600　650　700

**古墳時代後期**

日本武尊伝説の原形ができる。
磐井の反乱が起きる。
武蔵国造の内紛により朝廷の勢力が関東に伸びる。
王女が太陽神の祭りを始める。
仏教公伝。
神武伝説が整えられる。
隼人に対する支配が進む。
北陸道が大和朝廷の勢力下に入る。
藤の木古墳が作られる。

**飛鳥時代**

聖徳太子が遣隋使を派遣する。（六〇七年）
上毛野形名、蝦夷と戦う。（六三七年）

**白鳳時代**

大化改新詔出される。（六四六年）
難波宮が作られる。
阿倍比羅夫、蝦夷を討つ。（六五八年）
壬申の乱。（六七二年）
大宝律令制定。（七〇一年）
出羽郡設置。（七〇八年）
巨勢麻呂ら蝦夷を討つ。（七〇九年）

渤海 698
668 高句麗
660 百済
新羅
562 任那
唐 618 隋 589

以下略

750　800　1000　1100　1400　1600

|  |  |
|---|---|
| 奈良時代 | 平城京へ遷都する。（七一〇年） |
| | 出羽国設置。（七一二年） |
| | 多賀城が築かれる。（七三〇年頃） |
| | 橘奈良麻呂の変により、藤原仲麻呂の専権が確立する。（七五七年） |
| | 桃生柵、雄勝柵を築く。（七六〇年） |
| | 伊治城を築く。（七六七年） |
| | 光仁天皇即位。（七七〇年） |
| | 伊治呰麻呂が紀広純を殺す。（七八〇年） |
| 平安時代 | 坂上田村麻呂が阿弖流為を降す。（八〇二年） |
| | 文室綿麻呂が蝦夷を討つ。（八一一年） |
| | 前九年の役。（一〇五一年） |
| | 後三年の役。（一〇八三年） |
| 鎌倉時代 | 鎌倉幕府が奥州藤原を滅ぼす。（一一八九年） |
| | 安東家が蝦夷管領になる。 |
| | 津軽大乱。（一三二二年） |
| 室町時代 | 尚氏が琉球王国を作る。（一四二九年） |
| | 安東家、十三湊を追われる。（一五世紀中葉） |
| 江戸時代 | 島津家が琉球を攻める。（一六〇九年） |

この作品は、一九九一年文藝春秋刊の『日本誕生』、および一九九九年雄山閣出版刊の『「大和」から「日本」へ』を改題し、加筆・修正したものです。

著者紹介
**武光　誠**（たけみつ　まこと）
1950年、山口県防府市生まれ。1979年、東京大学大学院国史学博士課程を修了。現在、明治学院大学教授。日本古代史を専攻し、歴史哲学的視野を用いた日本の思想・文化の研究に取り組む。
主著に、『律令太政官制の研究』『大人のための古代史講座』『大人の日本語の愉しみ』『日本人なら知っておきたい神道』などがある。

PHP文庫　「古代日本」誕生の謎
大和朝廷から統一国家へ

2006年1月25日　第1版第1刷
2022年11月4日　第1版第12刷

著　者　武光　誠
発行者　永田貴之
発行所　株式会社PHP研究所
東京本部　〒135-8137 江東区豊洲5-6-52
ビジネス・教養出版部　☎03-3520-9617(編集)
普及部　☎03-3520-9630(販売)
京都本部　〒601-8411 京都市南区西九条北ノ内町11

PHP INTERFACE　https://www.php.co.jp/

制作協力
組　版　株式会社PHPエディターズ・グループ

印刷所
製本所　大日本印刷株式会社


ISBN978-4-569-66579-5

PHP文庫

# 消された王権・物部氏の謎

オニの系譜から解く古代史

関 裕二 著

神武東征以前、大和には既に大王がいた。物部氏の祖ニギハヤヒである。彼は何処へ消えたのか？　神と鬼との関係から古代史の闇に迫る。

PHP文庫

# 大化改新の謎

## 闇に葬られた衝撃の真相

関 裕二 著

大化改新の英雄・中大兄皇子は、なぜ当時の民衆に不人気だったのか。悪役・蘇我入鹿の正体から解き明かす大化改新の衝撃の舞台裏とは。

PHP文庫

# 壬申の乱の謎

## 古代史最大の争乱の真相

関裕二 著

古代史最大の争乱・壬申の乱は、なぜ東西日本の分岐点で勃発したのか。「二つの日本」という視点から読み解く古代史の意外な真相とは。

PHP文庫

# 神武東征の謎

「出雲神話」の裏に隠された真相

関 裕二 著

神武天皇とはいったい何者なのか。なぜ隼人の地・南九州からヤマトにやって来たのか。天孫降臨から神武東征に至る神話の謎に鋭く迫る。

PHP文庫

# 継体天皇の謎

古代史最大の秘密を握る大王の正体

関　裕二　著

古代史最大の謎といってもよい、不可解な人物・継体天皇。天皇になった経緯からその死まで、気鋭の歴史作家が大胆な発想で真実に迫る。

PHP文庫

# 鬼の帝　聖武天皇の謎

関　裕二　著

即位後の東国行幸にはじまり、各地を転々とした聖武天皇。「傀儡の天皇」といわれた男が、胸の内に秘めた野望を著者独自の視点で追う。

PHP文庫

# 天孫降臨の謎

『日本書紀』が封印した真実の歴史

関裕二 著

天孫降臨は荒唐無稽な話だ。しかし、そう簡単には片づけられない謎が、日本の神話には残されている。『日本書紀』に隠された謎に迫る!